Erinnerungen eines deutschen Auslandsschullehrers Teil 2

Der mexikanische Teil

Vorwort

Lange habe ich gezögert, diese Erinnerungen aufzuschreiben. Ich gebe zu, aus Angst. Von dieser Angst weiß ich nicht, ob sie einen realen Hintergrund hatte, oder ob sie psychotisch war. Vielleicht auch aus Angst, mich zu sehr zu ärgern. Ein guter Freund meinte, ich würde nun wohl aus therapeutischen Gründen diese Erinnerungen schreiben. Einige Erinnerungen habe ich literarisch verarbeitet, in dem Band „So nah und so fremd. Erzählungen aus Lateinamerika.". In diesem vorliegenden Sachbuch konnte ich nicht widerstehen, in einem Kapitel eine weitere Erzählung zu bringen, „Elena oder Whisky mit Wagner", weil sie bisher nicht veröffentlicht wurde. Wen nur die reine Sachlichkeit interessiert, kann das Kapitel ja auslassen, obwohl nur so die ganze

Atmosphäre dieser mexikanischen Welt eingefangen wurde.

Dieses Buch enthält im Gegensatz zum ersten Teil der Erinnerungen nur ganz wenige Fotos. Weitere Fotos kann man in dem Buch „Mit dem VW-Bus in die Kupferschlucht" sehen. Vielleicht werden Videos auf Youtube mit den reinen Reise-Erinnerungen folgen, die in diesem Band keinen Platz finden.

Bibliographische Informationen der Deutschen Nationalbibliothek:
Die Deutsche Nationalbibliothek verzeichnet die Publikation
in der Deutschen Nationalbibliographie, detaillierte bibliografische Daten sind
im Internet über http:/ dnb.dnb.de abrufbar.

© 2024 Engelbert Manfred Müller
Herstellung und Verlag: BoD – Books on Demand, Norderstedt

ISBN: 9783759761064

1 Der Entschluss und der Anfang

Nachdem wir 1982 von unserem ersten Auslandsaufenthalt in Chile zurückkamen, hatte ich zum Schulrat in Köln gesagt: "Ich freue mich darauf, wieder mit Unterprivilegierten zu arbeiten", worauf dieser mich prompt in die pädagogische Unterwelt, in die Hauptschule Tiefentalstraße in Köln-Mülheim geschickt hatte. „Und wenn es Ihnen zu viel wird, kommen Sie wieder zu mir." Das geschah nach einem halben Jahr, auf Grund der negativen Erlebnisse, die ich dort hatte. Äußerst positiv waren dagegen die Erfahrungen mit einer türkischen Seiteneinsteiger-Klasse, die es damals noch gab, gleich nebenan in der Langemaß-Straße. Mit einem türkischen Kollegen arbeitete ich dort wunderbar zusammen, und die Schüler waren sehr motiviert.

Motiviert waren sie auch in der Vietorstraße in Kalk, wo ich davor noch ein halbes Jahr mit 100 türkischen Seiteneinsteigern und vier türkischen Kollegen arbeitete. Diese Schule wurde leider nach einem halben Jahr aufgelöst. Damals fühlte ich mich sehr schwung- und kraftvoll, weil uns unsere letzte Reise in Chile auf Pferderücken eine Woche lang in die Anden geführt hatte, bis auf 4600 m hoch. Und die dementsprechende vermehrte Bildung von Blutkörperchen machte sich dann auch noch in den anschließenden Wochen am Strand bei Bahia positiv bemerkbar. Und nun auch noch in Deutschland. Deshalb war der Schulrat wohl der Überzeugung, dass ich nicht so leicht überfordert sein könnte. Und so war seine Antwort auf meine Bemerkung „Jetzt ist es soweit. Ich kann es in der Tiefentalstraße nicht mehr aushalten" einfach: „Leider finde ich keinen Ersatz für Sie."

Gleichzeitig lief aber meine Bewerbung für die Gesamtschule, über die Bezirksregierung, nicht über das Schulamt der Stadt Köln. Das hatte dann sieben erfolgreiche Jahre an der Gesamtschule Kalk/Höhenberg zur Folge, die heute Katharina-Henoth-Schule heißt.

Dann aber holten uns zwei Dinge ein:
Wir sehnten uns auf einmal nach einem südlichen Sternenhimmel. Und unsere Kinder brauchten auf Grund ihres Studiums und ihrer Ausbildung so viel finanzielle Hilfe,

dass das Geld aus meinem Gehalt knapp wurde. Und so gaben uns unsere Kinder das Signal „Wir haben nichts dagegen, wenn ihr euch noch einmal für eine Auslandsschule bewerbt." Das machte ich dann prompt, musste dazu zwei Stunden vor dem Dezernenten halten. Eine Stunde davon handelte von der Kölner Hexe Katharina Henoth. Der Dezernent war offensichtlich zufrieden. Nun musste ich noch zu der zuständigen Frau beim Regierungspräsidenten. Der gestand ich unverblümt: „Eigentlich halte ich nicht viel von deutschen Auslandsschulen. Aber wenn ich vermittelt werde, wird die Schule trotzdem etwas von mir als Pädagogen haben." Mein Eindruck auf sie war wohl so positiv, dass sie mich als Fachleiter für Deutsch vorschlagen wollte. Ich versuchte mit Erfolg, ihr das auszureden, da man nach meinen Erfahrungen mit jeder Art von Leitungsfunktion unweigerlich in die landespolitischen Probleme hineingezogen würde. „Besser ist es, wenn Sie mich als einfachen Lehrer vorschlagen." „Aber bei einer Zweitvermittlung muss man doch eine Funktionsstelle haben."

„Bei Gott und dem Bundesverwaltungsamt ist kein Ding unmöglich" antwortete ich

Als ich dann trotz erster Widerstände beim Verwaltungsamt vorstellig werden durfte, zeigte sich, dass mein Urteil über dieses Amt richtig gewesen war. Ich bekam, wie es mein Wunsch gewesen war, keine Stelle in Ekuador angeboten, sondern statt dessen eine in Guadalajara in Mexiko. Vor Chile hatte ich mir Mexiko gewünscht. Nun hatte ich Mexiko. Ich wurde aber vom Bundesverwaltungsamt fairerweise gewarnt. Man zeigte mir sogar den negativen Bericht meines Vorgängers Linsenmeier in einer Gewerkschaftszeitung. Daraus gingen der Einfluss der Eltern auf das Schulgeschehen und die negativen Einflüsse einer mexikanischen Direktorin hervor. Das hatte dazu geführt, dass der Kollege schon nach zwei Jahren die Schule wieder verließ. Der normale Turnus in einem tropischen Land wie Mexiko wäre 2 Jahre, plus 1, plus 1, plus 2 gewesen.

Da mir aber gleichzeitig das pädagogisch-organisatorische Profil der Schule gezeigt wurde, sagte ich mir und dem Bundesverwaltungsamt: „Solche Dinge kenne ich ja von meinem ersten Lateinamerika-Aufenthalt in Chile. Deshalb nehme ich das Angebot an." Dass die

Klassenstärke zumindest im Deutschunterricht mit etwa 15 Schülern nur die
Hälfte einer normalen Klassenstärke betrug,
fand ich sogar regelrecht verlockend. Später
zeigte sich dann, dass das eine falsche
Information war. Entweder war diese
Änderung noch nicht beim BVA
angekommen, oder sie war bewusst von der
Schule, sprich vom Direktor, nicht gemeldet
worden.

Ich nahm nun zum zweiten Mal in meinem
Leben an einem Vorbereitungskurs für
Deutsch als Fremdsprache teil, von der
Sache her eher überflüssig, für mich eine
günstige Gelegenheit, zwei Wochen lang
Barcelona kennenzulernen. Beim ersten Mal
hatte ich vier Wochen in Valencia an einem
solchen Kurs teilgenommen, wo der
damalige Schulleiter der jetzige von
Guadalajara war. Damals wurde von den
deutschen Kollegen kolportiert, er überlege,
ob er nicht als Manager bei Ford anfangen
solle. Sein Auftreten im Nadelstreifenanzug
konnte solche Vermutungen nahelegen.

Nun waren wir schon 50 Jahre alt und in
dem Hotel in Guadalajara, in dem wir die
ersten Tage verbrachten, überlegten wir, ob

wir uns mit diesem zweiten Auslandsaufenthalt nicht zu viel vorgenommen hatten. Das Wetter war schwül-heiß, und wir lagen nackt auf unseren Betten im Hotel und versuchten, die ersten notwendigen Schritte telefonisch zu erledigen.

In Chile war alles von der Schule aus besser für die deutschen Lehrer organisiert gewesen. Es gab einen Betreuungslehrer, der den Neuen eine Wohnung oder ein Haus besorgte. Die zollfreie Einfuhr eines Autos ermöglichte kurze Zeit nach der Ankunft die Übernahme dieses Wagens. Die deutschen Kollegen begrüßten die Neuen schon herzlich am Flughafen und fuhren sie anschließend in ihr Haus. Nun war das teilweise darauf zurückzuführen, dass die staatlichen Bedingungen für Deutsche in Chile besser waren als in Mexiko. Aber die Organisation der Betreuung war auf die Schulleitung zurückzuführen oder auf die Tatsache, dass die Anzahl der deutschen Lehrer mit 25 in Chile viel größer war als in Guadalajara, wo es nur insgesamt 4 waren. Staatlich bedingt war wohl auch die Schwierigkeit, in Mexiko ein Konto einzurichten und Überweisungen vorzunehmen. Obwohl mittlerweile –von 1977 bis 1990- 13 Jahre ins Land gegangen waren. Mein Vorgänger, der schon nach 2 Jahren nach Deutschland zurückgekehrt war, hatte das mit den Worten ausgedrückt: „In Mexiko ist alles anders." Ich hatte ihm nicht geglaubt.

Nun mussten wir erstmal ein Auto haben. Und tatsächlich! Wir schafften es, telefonisch mit Hilfe des Telefonbuchs einen Händler ausfindig zu machen, der uns schon bald einen VW Golf verkaufte.

Der Schulleiter war zuerst sehr freundlich zu uns. Vielleicht bewunderte er ein wenig unser Selbstbewusstsein. So nebenbei ließ er nämlich mal eine Bemerkung darüber fallen, dass er das an den beiden anderen deutschen Kollegen vermisste. Die ersten Kontakte mit dem Sekretariat der Schule waren auch sehr freundlich. Wir konnten unsere beiden Metallkisten, in denen unser wichtigstes Gepäck verstaut war, in der Schule unterstellen, und später wurden diese und unsere Koffer von dem Boten der Schule mit dem schuleigenen Transporter zu unserem zweiten Hotel in San Isidro und später in unser Haus gefahren.

Wir wollten vor Schuljahresbeginn noch einen vierwöchigen Urlaub an der mexikanischen Pazifikküste verbringen, um dann erholt und frisch die Arbeit an der Schule und die Einrichtung in dem gemieteten Haus zu beginnen. Schon in dem Hotel in San Isidro wich das anfängliche Gefühl, ob wir uns in diesem Alter nicht übernommen hätten, einem Gefühl der Abenteurer- und Entdecker-Lust. Hier umgab uns nicht mehr die großstädtische und hektische Atmosphäre einer Fünfmillionenstadt. Guadalajara ist ja die zweitgrößte Stadt Mexikos, nach der Metropole Mexiko Stadt. Bei der schwankten die Angaben über die Einwohnerzahl zwischen 21 und 25 Millionen.

San Isidro ist ein –in großen Teilen des Jahres grünes- malerisches Tal, noch außerhalb des Stadtteils Zapopan, der fast 1,3 Millionen umfasst. Eine der Sekretärinnen hatte uns für unseren Urlaub den Tipp Guayabitos im Staate Nayarit gegeben. Dort erwartete uns dann tatsächlich die paradiesische Küste in den mexikanischen Tropen, die immer wieder in den nächsten Jahren unser beliebter

Treffpunkt mit unseren Kindern sein würde. Dann allerdings in den Weihnachtsferien, in denen das Klima wesentlich angenehmer sein würde als in diesen schwül-heißen Zeiten im Juli und August.

So verbrachten wir die ersten Wochen in unserer neuen Heimat in einer tropischen Umgebung mit einer ungewohnten üppigen Vegetation, endlos vielen Schmetterlings-arten, Seevögeln wie Pelikanen, Kormoranen und Fregattvögeln, Donner und Blitz, Überschwemmungen und einem Geruch nach Verwesung, der uns aber nicht unangenehm vorkam.

Einfach der totale Kontrast zu unseren letzten Wochen in Deutschland. Dort mussten wir ja unsere Wohnung in Bergisch Gladbach ein paar Wochen vor der Ausreise auflösen und wohnten in einer Ferienwohnung im Bergischen, auf einem Bauernhof mit frischer Luft und dem Geruch nach Dünger und Kuhmist. Unsere Verwandten und Bekannten besuchten uns dort, um sich von uns vor unserem zweiten Auslandsabenteuer zu verabschieden. Einige wenige außer unseren Kindern hatten später den Mut und die Initiative, uns in Mexiko zu besuchen.

Nach Guayabitos hatte ich auch mein Malzeug mitgenommen. So begann ich schon dort, mein Malhobby auszuweiten. Noch nie hatte ich so viel gemalt wie in den vier Jahren in Mexiko.

Die wunderbaren Reisen in Mexiko stellen ja ein ganz anderes Kapitel in meinen Erinnerungen als Auslandslehrer dar, ein Kapitel, dem ein eigenes Buch gewidmet ist mit dem Titel „Mit dem VW-Bus in die Kupferschlucht. Reisen in Mexiko"

Nach erlebnisreichen Wochen an der Pazifikküste kehrten wir wieder nach San Isidro zurück. Hier wohnten nicht nur die drei anderen deutschen Kollegen, sondern hierhin war mittlerweile auch die deutsche Schule umgezogen.

Schon in den letzten Tagen im Hotel begannen wir mit unserem zweiten Hobby, dem Wandern. Wir wussten ja, wir mussten uns bewegen, um gesund zu bleiben. So taten wir etwas, was selbst in dieser

Umgebung völlig ungewöhnlich war. Wir erwanderten uns die schöne Landschaft ringsum. An meiner Kleidung auf diesem Foto kann man ein wenig die klimatischen Bedingungen ablesen, in denen wir hier wohnten.

Guadalajara liegt zwar 1500 m hoch, so dass es hier wesentlich angenehmer ist als in der tropischen Schwüle an der Küste, doch auch hier kann es in weiten Teilen des Jahres ganz schön heiß werden. Wir gewöhnten uns aber daran.

Irgendeiner hatte uns den Tipp gegeben, dass man in San Isidro in der Siedlung, in der auch zwei der deutschen Kollegen wohnten, versuchen könnte, ein Haus anzumieten. Das hätte dann ja auch den Vorteil, dass ich die Schule zu Fuß erreichen könnte. Vielleicht war es eine der mexikanischen Sekretärinnen, vielleicht auch doch ein Kollege oder sogar der Schulleiter.

San Isidro ist ein Stadtteil von 5 km Länge, der sich um einen Golfclub herum gruppiert. Das ganze Gelände ist umzäunt und wird am oberen und am unteren Ende von einer Polizeistation abgeschlossen, die man bei Ein- und Ausfahrt passieren muss. Wenn sie einen als Person bzw. das Nummernschild einmal kennen, wird man einfach durchgewunken, nachdem die Schranke geöffnet wurde. Innerhalb dieses Stadtteils liegen mehrere Wohnanlagen, die auch noch einmal abgeschlossen sind, durch ein Tor, an dem oftmals ein Pförtner sitzt. Oder man hat einen Schlüssel zu diesem Tor. Unsere Wohnanlage hatte den schönen Namen Santa Lucía und bestand aus vielleicht 40 Häusern. Jeweils sieben Häuser gruppierten sich um einen gemeinsamen Swimmingpool, der zum Abkühlen für uns sehr nötig war. Er war aber auch ein beliebter Treffpunkt der Anwohner, wo wir auch Luís und Elena kennenlernten, deren Geschichte eine eigene Geschichte darstellt, der ich in diesem Band ein eigenes Kapitel widme, ausnahmsweise in literarischer Form. Ich mache hier eine Ausnahme, da es noch nicht in Buchform erschienen ist.

Das Haus war nicht groß, aber für uns natürlich vollkommen ausreichend. Von der Terrasse aus und vom Balkon auf der oberen Etage hatte man einen wunderbaren Blick in die vor uns liegende tiefe Schlucht mit ihrer undurchdringlich erscheinenden Vegetation. Auch in diese drangen wir wandernd ein, zur Verwunderung unserer mexikanischen Nachbarn, die meinten, dort gebe es doch gefährliche Tiere wie Schlangen. Sie waren noch nie dort gewesen. Sie wanderten auch nicht. Und weiter im Hintergrund sah man einen Gebirgszug, zu dem man kam, wenn man ein paar Minuten von unserer Anlage weg über die Straße zu einer Stelle kam, wo man unter dem Stacheldrahtzaun hindurch-kriechen konnte, um dann in der freien Landschaft zu stehen. Auf dem Weg zu dieser Stelle überholte uns einmal die Polizei von der Kontrollstation und wollte wissen, wo wir wohnten. Ich trug ja einen Rucksack auf dem Rücken. Sehr merkwürdig für die Polizisten. Von hier aus unternahmen wir also bei jeder Gelegenheit Wanderungen in der Umgebung, fast von zu Hause aus

Die Schule, die mittlerweile in diesen Stadtteil umgezogen war, lag bequeme 10 Fußminuten entfernt. Sie besaß und besitzt heute noch eine attraktive architektonische Form, die auch dem Schulleiter zu verdanken ist, dem sie immer fast wichtiger war als der pädagogische oder organisatorische Inhalt seiner Schule.

Wir erhielten tatsächlich die Möglichkeit, dort ein Haus zu mieten, zwischen zwei mexikanischen Familien aus der Mittelschicht. Das übernächste Haus bewohnte die Kollegenfamilie des Deutsch-Fachleiters, mit der wir uns zuerst auch gut verstanden. Wir hatten ihnen schon in unserem Umzugsgut aus Deutschland etwas mitgenommen. Das Umzugsgut sollte aber noch kommen. Zuerst lebten wir noch aus den Koffern, in denen sich auch die nötigsten Materialien befanden, die ich für den Unterricht brauchte.

2 Das Versprochene und die Realität - Enttäuschungen gleich am Anfang

Als erste Klasse bekam ich ein 4. Schuljahr. Diese Stufe hatte ich nie unterrichtet. Und davon war vorher, auch in den Briefen des Schulleiters, nie die Rede. In Deutschland hatte ich an der Gesamtschule eine Stundenzahl von 24 in der Woche. Nun waren es 27. Als Argument benutzte der Schulleiter, ich sei ja Volksschullehrer nach meiner Ausbildung, und die hätten 27 Stunden zu unterrichten. Auch davon war vor Dienstantritt nie die Rede gewesen, auch nicht im BVA. Dort zeigte man mir als Größe der Klassen 15 Schüler, in der

Realität waren es dann doppelt so viele, also 30.

Ein Gegengewicht zu diesen Enttäuschungen war dann die große Anhänglichkeit der Schüler, und nach 2 Jahren war die Beziehung zwischen mir und meinen Schülern noch enger geworden. Eine neue Enttäuschung bestand dann darin, dass ich nach den 2 Jahren eine neue Klasse übernehmen musste. Der Schulleiter hatte offensichtlich eine völlig andere Auffassung als an deutschen Gesamtschulen oder allgemein an deutschen Schulen. Dort leitete man ja eine Klasse möglichst lange, um den pädagogischen Kontakt möglichst tief zu gestalten. Dieser Schulleiter sah in einer engen Beziehung zu den Schülern vorwiegend den Nachteil, dass Schüler dann zu abhängig von einer Lehrperson werden könnten, meiner Meinung nach ziemlich absurd.

Mit den Eltern gab es wider Erwarten viele positive Erfahrungen. Mein Vorgänger hatte die Rolle der Eltern im Wesentlichen als negativ dargestellt. Die Vorsitzenden der Pflegschaft von beiden Klassen waren

Mütter und unterstützten mich bei Ausflügen als Begleitpersonen, einmal in ein Schwimmbad in der Nähe, ein anderes Mal in den interessanten Zoo, oder sie gaben mir Tipps, zum Beispiel für den Besuch einer Fabrik für Süßigkeiten, den die Kinder vor allem deshalb schätzten, weil es natürlich Kostproben gab.

Mit mehreren Familien waren wir nach kurzer Zeit befreundet. Ihre Kinder waren gute Schüler, so dass man keine Angst zu haben brauchte, dass es sich insgeheim um Bestechungsversuche handelte. Von zwei Schülerinnen wurden wir zur Erstkommunion eingeladen. Beide Male fielen zusammen mit einem dramatischen Ereignis. Das eine bestand darin, dass sich die Schülerin mit ihrem weißen Kleid zu sehr einer Kerzenflamme näherte, so dass dieses in Brand geriet. Der Brand wurde schnell gelöscht, ohne Schaden anzurichten, doch sah die Familie ein schlechtes Omen in dem angeflemmten Kleid. Gottseidank scheint sich bis heute nichts Dramatisches ereignet zu haben. Bei der anderen Schülerin geschah zwar bei der Kommunion selber nichts Tragisches, aber wir hatten zuerst Schwierigkeiten, zu ihr hinzukommen, weil die Straßen gesperrt waren. Es war nämlich gerade eine fürchterliche Schießerei in einer Stadt in der Nähe gewesen, die von zwei konkurrierenden Drogenkartellen veranstaltet wurde.

Von einer anderen Familie waren wir schon mehrmals eingeladen worden, sie dann auch zu uns. Außerdem waren sie Freunde von mexikanischen Nachbarn, wo wir sie gelegentlich sahen oder auch eingeladen wurden. Diese Familie, die Eltern von Salvador, lud uns eines Tages in den Heimatort des Vaters ein, der auch Salvador hieß. So fuhren wir mit ihnen an einem Wochenende in ein indianisch geprägtes Dorf im Nachbarstaat Michoacán. Dort lernten wir eine indianische Kunsthandwerkerin kennen, die die dünnste Keramik herstellte, die wir je gesehen haben. Ein wunderschöner Krug mit zwei Bechern ziert noch heute unser Wohnzimmer. Dieses Dorf war auch ein Erlebnis für uns, weil dort alle Frauen das typische Purépecha-Schultertuch trugen, einen blauen Schal mit dünnen weißen Streifen.

Die Purépecha oder Tarasken sind ein Indianervolk, welches bis heute eine eigene Sprache spricht.

Ich vergesse auch nie, wie die beiden Vorsitzenden am Totentag mit einem Tablett voller Särge aus Schokolade in die Klasse kamen und jedem Kind einen solchen Sarg in den Mund legten. Diese Särge wurden dann andächtig verspeist. Überhaupt der Totentag in Mexiko! Auch in der Schule wurde er auf skurrile Weise gefeiert. An der Wand im Flur hing zum Beispiel ein Gedicht, das eine Schülerin auf mich gemacht hatte, mit den besten Wünschen für mich im Jenseits. So werden auf unnachahmliche Weise Zuneigung und Makabres miteinander vermischt.
Diese Gedichte werden Calaveras, also Skelette, genannt. Über eine beliebte Spanischlehrerin wurde in der Schulzeitung das Gedicht eines Schülers veröffentlicht, in dem dieser beliebten Lehrerin gleichzeitig ihre Schwächen unter die Nase gerieben wurden. Auch dieses eine Mischung aus Zuneigung, Kritik, Ironie und Makabrem. In der Schule wurde am Totentag ein Altar aufgebaut mit vielen Blumen, Schülerarbeiten aus dem Kunstunterricht

zum Thema und natürlich der Calavera, dem Skelett mit dem Totenkopf. Der Totentag in Tzintzuntzan in Michoacán ist landesweit berühmt. Ich habe ihn in meiner Erzählung „Tzintzuntzan" geschildert.

Ein anderer wichtiger Tag im Schulleben ist der Día del Maestro, der Tag des Lehrers. - An diesem Tag bringen die Schüler den Lehrern Geschenke mit, die ihnen ihre Eltern gekauft haben, manchmal recht teure Geschenke. Ich bekam zum Beispiel einmal eine Silbermedaille mit einer silbernen Kette. Wenn ich die Eltern nicht besser gekannt hätte, hätte ich das als Bestechungsversuch werten müssen. Da der Schüler etwas behindert war, nahm ich es –wohl zu Recht- als reine Dankbarkeit dafür, dass ihr Sohn von mir freundlich behandelt wurde. Anders war es mit einer nicht billigen Flasche Tequila, die mir Eltern mit einem Gruß vor die Haustür stellten. Ihr Sohn war nämlich leistungsmäßig problematisch. „Normale" Geschenke waren Zum Beispiel Dekoschalen aus Neusilber. Das war damals wohl gerade Mode.

Von Chile her war ich gewohnt, dass die Eltern Geschenke machten, aber nur zum

Abschied und nur von der ganzen Klasse gemeinsam. Am Endes des Lehrertages gingen die Lehrer hier in Mexiko mit ganzen Taschen oder Beuteln voller Geschenke nach Hause. Deshalb machte ich den Kollegen den Vorschlag, das doch zum Lehrertag auch so wie in Chile zu halten. Erstaunlicherweis lehnten das alle ab. Sie brauchten wohl diese Anerkennung sozusagen als Kompensation für ihr mieses Gehalt.

Zum Abschied bekam ich von einem Schüler und seinen Eltern eine Machete in einer verzierten Lederscheide. Aber mit diesen Eltern waren wir auch persönlich befreundet. Zum Tag des Lehrers hatte er mir eine Holztafel geschenkt mit der Inschrift, die auf Deutsch hieß „Ich bin zwar nicht ihr bester Schüler, aber Sie sind auf jeden Fall mein Lieblingslehrer". Auch solche Tafeln konnte man aber in Geschäften kaufen.

Von den positiven Erfahrungen mit Eltern gab es einige wenige negative Ausnahmen. Die deutsche Schule verstand sich ja als Eliteschule. Sie rangierte im Privatschulbereich immerhin sofort nach der amerikanischen und der britischen Schule.

Deshalb setzte sie auf Leistung, auch und vor allem im Fach Deutsch. Die Schüler konnten hier ja auch das Sprachdiplom ablegen, das sie dann in Deutschland zum Studium berechtigte.

Deshalb musste die Benotung streng oder zumindest angemessen und natürlich gerecht sein. In einer 3. Klasse, in der ich nur Deutsch als Fremdsprache unterrichtete, gab es eine –sehr nette und hübsche – Schülerin, die aber mit den Anforderung dieser schwierigen Fremdsprache Deutsch überhaupt nicht zurechtkam. Eigentlich hätte sie als Note ein Ungenügend bekommen müssen. Ich gab ihr ein Mangelhaft. Die Richtlinien der Schule besagten, dass sie nun entweder wiederholen oder die Schule verlassen musste. Wenige Tage danach war Elternsprechtag. Der Vater, dem ich reinen Wein einschenkte, stand auf und sagte im drohenden Ton: „Danken Sie Gott, wenn er Ihnen nicht vergilt, was Sie meiner Tochter angetan haben!" Ich wandte mich gleich an die Schulleitung, weil ich diese Bemerkung zu Recht als Bedrohung empfunden hatte, und sie handelte tatsächlich einmal richtig. Sie machten dem Vater klar, dass es für seine Tochter besser sei, wenn er für sie eine andere Schule suche, die sie weniger unter Stress setze. Später erfuhr ich, dass der Vater Drogenhändler war.

Auch mit einem anderen Vater erlebte ich Ähnliches. Als ich ihm die schlechte Deutschnote seines Sohns erklärte, hörte er sich alles schweigend an, und als er schon die Tür in der Hand hatte, meinte er – ebenfalls in bedrohlichem Ton: „Und vergessen Sie nie, dass Sie Ausländer sind!"

Mein Vorgänger aber hatte die Erfahrungen mit Eltern und Schülern durchgängig als negativ bezeichnet. Nun stimmte es zwar, dass die Schüler nicht fürchterlich leistungsbereit waren, anders als die chilenischen A-Klassen. Auch im Sport sah das ähnlich aus. Aber sie wanderten gerne, sowohl im Schullandheim als auch bei kleinen Ausflügen in der Umgebung der Schule. Vielleicht war die geringere Leistungsbereitschaft ja auch auf das Klima zurückzuführen.

Auch die deutschen Austauschschüler aus Göppingen, die eines Tages die Schule besuchten, waren angetan von der schönen

Landschaft nicht weit von der Schule entfernt.

Erstaunlich wenig Interesse hatten die meisten Schüler, aber auch ihre Eltern an der beeindruckenden mexikanischen Kultur in ihrer eigenen Stadt. Es war das Verdienst der Kunstlehrerin, dass die Schüler meiner Klasse einen Ausflug ins Stadtzentrum unternahmen, wo sie –vielleicht zum ersten Mal- dessen beeindruckende Architektur kennenlernten, die Kathedrale, das Hospicio Cabañas, den Regierungspalast mit den Wandmalereien des Revolutionsmalers Orozco. Diese Revolutions-malerei mit Diego Rivera an der Spitze, dem Mann von Frida Kahlo, ist meines Erachtens eine eigene Reise nach Mexiko wert.

Einen einzigen Vater sahen wir schon einmal in einem der zahlreichen Theater der Stadt. Er war der Vater einer Schüler, die von den Angestellten der Schule zärtlich La Prieta, die Dunkelhäutige, genannt wurde. Hier zeigte sich, dass es einen Zusammenhang zwischen den gesellschaftlichen Klassen und der Hautfarbe gab. Je dunkler die Haut, desto geringer das Ansehen in der mexikanischen

Gesellschaft, ein verborgener, aber tief sitzender Rassismus, der von der mexikanischen Schriftstellerin Rosario Castellanos ausführlich geschildert wurde.

In der Schule gab es eine erstaunlich große Anzahl von Angestellten, die das Mantenimiento genannt wurde. Dazu gehörten Putzfrauen, Hausmeister, Techniker und Wachpersonal. Und sie alle gehörten natürlich zur Unterschicht. Das hieß aber nicht, dass sie bei Schülern und Lehrern keine Sympathien besaßen. Dazu war die Abhängigkeit von ihnen zu groß. Wie zu Hause die Abhängigkeit von den Muchachos und den Muchachas, die als Gärtner, Köchinnen und Kindermädchen arbeiteten. Und die Anzahl der Verwaltungsangestellten in der Schule war auch nicht gering.

Eine tragische Erfahrung mit einem Schülervater machte ich, die ich bis dahin noch nie im Leben gehabt hatte und auch später nicht haben würde. Die Mutter einer Schülerin, die ich selber nicht unterrichtete, lernte ich bei der Aufsicht in der Pause kennen. Sie kam aus Bayern und hatte einen deutschstämmigen Mexikaner geheiratet. Als sie erfuhr, dass ich gerne wanderte, lud sie mich zu einem Besuch ihrer Farm ein. Dieses ganze Erlebnis habe ich in der Erzählung „Wer hat ihn umgebracht?" dargestellt. Die literarische Darstellung unterscheidet sich aber nicht sehr von der Wirklichkeit. Das tragische Ende dieses Mannes erfuhr ich aber erst, als ich wieder in Deutschland war. Er wurde gefesselt in den Kofferraum seines Autos gelegt, und dann wurde das Auto angezündet. Man kann vermuten, dass bei all dem wieder die Drogenmafia ihre Hände im Spiel hatte.

Theater und Tanz spielten an der deutschen Schule eine große Rolle. Da konnte man die Schüler in den farbigen mexikanischen Trachten sehen. Ich war mittlerweile so etwas wie der Schulfotograf geworden, und hängte immer wieder Fotos davon im Schaukasten der Schulzeitung aus. Auch Gedichten waren viele Schüler nicht abgeneigt. Sie wurden ebenfalls in der Schulzeitung veröffentlicht. Allerdings muss man hinzufügen, dass man nie ganz sicher sein konnte, ob diese Texte nicht abgekupfert waren.

Ab und zu gab es auf dem Schulhof die Asamblea, die Versammlung, ähnlich wie in Chile den Acto Civico, mit einem zackigen Fahnenappell, bei dem die Nationalhymne gesungen wurde. Für die Schüler, die die Fahne aufzogen, bedeutete das immer eine besondere Ehre, die sie sehr ernst nahmen. Dazu gab die Directora die strengen Kommandos, die einen regelrecht militärischen Charakter hatten. Sie ähnelten dem deutschen „Stillgestanden!" und „Rührt euch!" Im Gegensatz zu Chile trugen die Schüler aber hier keine Schuluniform.

Ein besonderer Feiertag war der Día de la Raza, der Rassentag. Ein merkwürdiger Begriff, der ursprünglich wohl die Bevölkerung meint, die aus der Mischung zwischen den spanischen Eroberern und der indianischen Bevölkerung Mexikos entstanden war, und mit der man sich – zumindest auf offizieller Ebene- identifizierte. Auch dieses aber wieder- wie so vieles- ironisch gebrochen oder untermalt, wie wir gleich sehen werden.

Es handelt sich bei diesem Tag um den 12. Oktober, den Tag, an dem Kolumbus Amerika entdeckte. Die Schüler stellten mit ihren Lehrern an diesem Tag geschichtliche Ereignisse in Theaterszenen oder auf Plakaten dar. Auf einem Plakat hatten sie groß das Schiff des Kolumbus dargestellt, und in seinem Anhang meine Person in witziger Weise karikiert, sozusagen als Import nach Mexiko, wie man auf dem beiliegenden Foto sieht.

3 Die Behörden stellen ein anderes Kapitel dar, das sich lohnt, ein wenig erläutert zu werden. Ich will hier nur die Erfahrungen in drei Bereichen ausbreiten: die jährlich notwendige Verlängerung unserer mexikanischen Ausweise, die jährliche Erneuerung des Nummernschilds an unserem Auto und die Generalvollmacht vor der Rückreise nach Deutschland.

Zur Verlängerung des mexikanischen Ausweises musste man zur Einwanderungsbehörde. Im Aufzug lernte ich einen Deutsch Sprechenden kennen, der mich fragte: „Kommen Sie auch zum Leiden?" Das bereitete mich schon auf das vor, was kommen würde. In dem entsprechenden Dienstzimmer war die Sekretärin, vor deren Schalter ich stand, intensiv mit Nagelreinigung beschäftigt. Als sie dann endlich so gnädig war, aufzuschauen und sich meine Papiere anzuschauen und mein Anliegen anzuhören, fragte sie „Und warum kommt nicht der Rechtsanwalt?" Ich ahnte, was das bedeutete. Es ging wohl um Schmiergeld. In Deutschland war mir vom BVA vor der Ausreise erklärt worden: „Sehen Sie mal zu, dasss der Rechtsanwalt nicht so teuer ist!"

Ich versuchte der Beamtin zu erklären, dass ich den Rechtsanwalt nicht für nötig halte, da ich schon selber über genügend Spanischkenntnisse verfüge. Sie stutzte kurz. Dann sah sie mein Farbfoto, das ich extra hatte anfertigen lassen, weil ich so informiert worden war, meinte: „Ich brauche ein Schwarzweißfoto" und schob mir meine Unterlagen zurück. Sie meinte wohl, damit sei mein Fall für diesen Tag erledigt. Ich aber machte mich schleunigst, wenn auch nicht bester Laune, auf den Weg, suchte in der Umgebung einen Fotografen, den ich auch tatsächlich fand und ließ mir ein Schwarzweißfoto anfertigen. Es war schon ziemlich spät, als ich in das Büro zurückkam. Um 13 Uhr schloss die Behörde. Es gelang mir aber, rechtzeitig alles auf die Theke zu legen, und mir wurde bedeutet, ich solle auf der Bank gegenüber Platz nehmen und warten. In der Wartezeit las ich einen Aushang an der Wand, in dem Ausländer gewarnt wurden, Respekt vor dem mexikanischen Staat zu bewahren und vor seinen Behörden. Und dann geschah das Unerwartete: Ich bekam tatsächlich kurz vor Toresschluss noch meine Dokumente. Es ging also doch. Ich konnte nun nachempfinden, was Ausländer oder Migranten vielleicht auch in Deutschland erlebten. Jahre später machte ich die Erfahrung, dass Bürokratie in Deutschland ähnlich sein kann, wenn auch nicht ganz so schlimm, als ich Migranten aus Syrien zum Ausländeramt begleitete.

Eine andere Erfahrung mit mexikanischer Bürokratie erlebte ich jedes Jahr, wenn ich mein Nummernschild am Auto erneuern musste: lange Schlangen und Wartezeit, eine Stelle nach der anderen. Ich nutzte die Gelegenheit, mit anderen Mexikanern ins Gespräch zu kommen. Ein kostenloser Sprachunterricht inklusive mexikanischer Landeskunde. Hierbei lernte ich auch einen Beruf kennen, der für Geld den Leuten, die wenig Zeit oder wenig Geduld hatten, diese Prozeduren abzukürzen, die sogenannten Coyotes, also eigentlich Präriewölfe. Ich nahm sie aber nie in Anspruch.

Vor der Ausreise passierte noch etwas Seltsames. Der Rechtsanwalt, ohne den ich hierbei nach Auskunft der Schule nicht auskam, forderte von mir eine Generalvollmacht. Ich musste sie ihm wohl oder übel in Form einer Unterschrift geben. Einer Unterschrift unter ein juristisch formuliertes langes Papier, dessen Inhalt ich nur ahnen konnte.

Nach der Rückkehr nach Deutschland wollte ich diese Vollmacht zurückhaben, da ich nicht wusste, was sie für Folgen bei einer erneuten Einreise –als Tourist- nach Mexiko haben könnte, und schrieb deshalb an den Schulleiter. Seine sarkastische Antwort war schlicht: „Dazu müssen Sie nach Mexiko kommen." Was das BVA dazu sagt, weiß ich bis heute nicht.

4 Die Umgebung unseres Hauses war so, dass sie für den oben geschilderten Ärger entschädigen konnte. 5 Autominuten von uns entfernt begann die Schlucht des Rio Grande de Santiago. Der Rio Grande de Santiago ist der Ausfluss aus dem Chapalasee und fließt von dort über 700 km bis San Blas, wo er in den Pazifik mündet. Der Chapalasee wiederum wiederum wird gespeist vom Rio Lerma, der seine Quellen im Hochland bei Toluca hat und auch eine Länge von mehr als 7oo km. Beides zusammen sind es also 1400 km und damit der zweitlängste Fluss Mexikos. Erstaunlicherweise ist die Schlucht bei vielen Mexikanern, die wir kennenlernten, also Nachbarn, Schülern und Eltern, kaum bekannt. Und wir waren die einzigen Wanderer, die wir auf den schmalen, aber immerhin gangbaren Pfaden in der Schlucht sahen.

Vor allem der Wasserfall Cola de Caballo –
der Pferdeschwanz- war eine regelrechte
Touristenattraktion, mit seinen 140 Metern
Fallhöhe.

Wenige Minuten von unserem Haus entfernt lag das Klettergebiet von El Diente bei Rio Blanco. Auch hier waren wir meistens alleine unterwegs. Und hier malte ich etliche Temperagemälde, schnell und schwitzend.

Überhaupt verbrachten wir viel Freizeit mit Malen. Im Kino sahen wir unter anderem den Film La casa de los espiritos –Das Geiserhaus- und den mexikanischen Film Pueblo Madera. Außerdem den kritischen Film Rojo Amanecer- Rotes Erwachen . Er schildert das Massaker vom Platz der 3 Kulturen in Mexiko Stadt 1968, bei dem 44 friedlich demonstrierende Studenten von der Polizei erschossen wurden.

In kleinen Theatern konnte man manchmal Stücke sehen, die die aktuelle Politik verarbeiteten, mit viel Ironie, so dass das Publikum laut lachte. Eine Besonderheit waren die weihnachtlichen Pastorelas, ebenfalls voll beladen mit Komik. Über das Goethe-Institut waren wir manchmal zu klassischen Konzerten und zu Ausstellungen eingeladen. Die koloniale Architektur im Zentrum war sehr interessant, die Kathedrale, der Regierungspalast, das Hospicio Cabañas und vor allem die Wandmalerei des Revolutionsmalers Orozco. Das Zentrum des Stadtteils Zapopan, zu dem wir gehörten, bot viel Traditionelles, Mariachikapellen und religiöse Feste. Am Wochenende besuchten wir oft Städte und Wandergebiete in der weiteren Umgebung. Von den vielen Fotos zehren wir noch heute.

5 Elena oder Wagner mit Whisky ist eine Erzählung, die auf Erlebnissen mit Nachbarn beruht. Sie wird hier erstmalig abgedruckt:

Èlena oder Wagner mit Whisky

Èlena wusste, dass Luìs ein Angeber war.
Aber sie liebte ihn.

Sie liebte ihn, wenn er in seiner Toreromontur erschien und in der Arena von Sankt Isidor stand. Es störte sie dann nicht, wenn er seine Augen, seine Gesten und seine Haltung in die künstliche Pose von Kühnheit und Verwegenheit versetzte. Sie wusste ganz genau, dass er damit seine Gestalt zu kompensieren versuchte. Die war nicht die eines Helden oder eines Muskelprotzes. Es kam vor, dass andere dann über ihn lachten. Für sie gehörte es dazu. Zu seiner Art, sich vor anderen in Szene zu setzen. Vor ihr selber auch.

Das war immer so gewesen. Als er sie aus ihrem Elend herausholte, und auch später, als sie geheiratet hatten, und auch jetzt, wenn sie am Swimming-Pool der Wohnanlage saß und er selber im kühlen Wasser stand, das Whisky-Glas in der Hand und den Rekorder auf volle Lautstärke gestellt. So dass die Musik in allen 7 Häusern der Nachbarschaft zu hören war. Dazu hielt er seine Reden, auch so, dass sie von allen gehört werden konnten, die dies wollten. Einige wollten es, weil sie sich darüber amüsierten, andere, weil sie endlich jemand hatten, über den sie den Kopf schütteln konnten, einer, weil er sich richtig ärgerte. Den hatte Luis sich als Zielscheibe ausgesucht, egal, ob er es wert war oder nicht.

„La gente decente" war ein immer wiederkehrendes
Wort in seinen Reden. „Die anständigen Leute". Die prangerte er mit all ihrer konservativen Behäbigkeit an. Damit wollte er seiner Umgebung zeigen, wie anders und weltoffen und kritisch und intellektuell er selber war. Vor allem zielte sein beißender Spott auf einen Nachbarn und dessen Katze, die sich ein freies Umherstreifen auf dem Rasen um den Gemeinschaftspool erlaubte. „Beethoven" nannte Luís sie und wollte damit wohl auch auf die Nationalität des Nachbarn anspielen, den er hasste. Warum auch immer. Weil er den soliden Beruf eines Bankdirektors innehatte? Weil er mit seinen zwei Töchtern die Norm der bürgerlichen Familie erfüllte? Weil seine Kleidung so war, wie sie war? Oder weil er deutscher Abstammung war, und damit der Nation angehörte, die von vielen Lateinamerikanern mit Nazis oder mit

Humorlosigkeit assoziiert wurde? Dabei vergaß er wohl, dass Pflüger zu seinem ständigen Publikum gehörte, ein deutscher Lehrer der deutschen Schule. Der bewohnte mit seiner Frau das Haus, welches dem Pool genau gegenüber lag. Und mit ihnen verkehrte Luís gern. Seine Frau Èlena ebenfalls. So hatten sie die beiden auch eingeladen, als Luís seinen Auftritt als Torero hatte.

Lienzo wurde die kleine Arena genannt, die sich am unteren Ende der Siedlung befand, kurz bevor man in die grandiose Schlucht des Río Grande de Santiago blickte. Hier nach Alt St. Isidor kamen die Bewohner der eleganten Villen und der soliden Einfamilienhäuser in den Condominien selten oder nie. In der Comunidad von Alt St. Isidor lebten die Nachfahren der einstigen indianischen Besitzer des riesigen Tals von St. Isidor.

Heute aber wurde im ganzen Land der Rassentag gefeiert, der Día de la Raza. Am 12. Oktober hatte Kolumbus Amerika entdeckt, so die jahrhundertealte Sprachregelung der Spanier, ja, der ganzen westlichen Welt. Obwohl man mittlerweile wusste, dass die Wikinger schon vor ihnen da gewesen waren, und obwohl es auf der Hand lag, dass es keine Entdeckung war, sondern lediglich eine Entdeckung durch die westliche Welt. Die indianischen Völker hatten den Kontinent ja schon vor etlichen Jahrtausenden besiedelt. Kolumbus landete am 12. Oktober 1492 auf der Insel Guahani auf den Bahamas. Das feierten nun die Mächtigen in Lateinamerika als die Geburt der Mestizenrasse, der Verbindung von Indios und Weißen. Dabei wurden natürlich Völkermord und Vergewaltigung durch die Eroberer weitgehend verschwiegen oder beschönigt. Deshalb hatten sich in den letzten Jahren immer mehr Bewegungen gebildet, die diesen Tag abschaffen oder umbenennen wollten. Doch wurde er immer noch gefeiert, in den Schulen, auf öffentlichen Plätzen und wie hier in der Arena von St. Isidor.

Es war einer der wenigen Tage, an dem die vornehmen und reichen Bewohner des oberen Teils von St. Isidor nach hier in Alt St. Isidor kamen, welches sie sonst zu ignorieren pflegten, als handle es sich um etwas Unanständiges, Verachtenswertes. Kulturell waren sie sowieso mehr zum Großen Bruder, den USA orientiert. Den sie gleichzeitig verachteten. Sie eiferten ihm nach und fühlten sich gleichzeitig minderwertig ihm gegenüber.

Heute saßen sie an Tischen mit Getränken und Essen unter dem überdachten Teil der Zuschauerränge.

Eine Mariachi-Kapelle stand auf einer Seite im Sand der Arena und spielte auf Gitarren und Trompeten die Klänge von Jalisco, eine fröhlich-festliche Musik, die einem das Herz aufgehen ließ, wenn man nicht die traurige Wirklichkeit kannte, in der sie und ihr Land lebten. An den schwarzen Hosen und Boleros, die mit Silber verziert waren, und an den riesigen Sombreros in den gleichen Farben war von Elend und Traurigkeit und Hass und Gewalt nichts zu spüren.

In der Mitte der Arena war ein Holz-Podest aufgeschlagen. Nun tänzelten aus einer Seitentür heraus vier Männer und vier Frauen, die Männer in ähnlichen betressten Anzügen wie die Mariachis, aber auf schwarz glänzenden Stiefeln mit hohen Absätzen, die Frauen in weiten volantgeschmückten Kleidern in Blau, Rot, Gelb und Violett. Sie stellten sich auf dem

Podest in zwei gegenüberliegenden Reihen auf, und dann begann ein umwerfender Balztanz, bei dem die Männer mal energisch, mal zierlich mit den Füßen aufstampften oder die Beine wie Klöppel in die Gegend warfen, die Frauen die Fülle ihrer Kleider umherwirbelten, dass sie wie exotische Schmetterlinge aussahen.

Pflüger und seine Frau waren fast die einzigen Gäste, die dem Schauspiel fasziniert zuschauten. Sie saßen neben Èlena, die in ihrem eng anliegenden schwarzen Kleid noch verführerischer als sonst aussah, wenn sie ihre ewig langen Schenkel auf den Rand des Swimmingpools aufstützte. Sie verfolgte wie Pflüger und seine blonde Frau die eleganten Bewegungen der Tänzerfüße, Hacke, Spitze, Hacke Spitze, und wie sie die prächtigen weiblichen Schmetterlinge umwarben, sich ab und an unter dem Schutz der Sombreros ihren Köpfen näherten und ihnen einen zärtlichen Kuss schenkten. Die anderen Gäste waren mehr mit ihren Bierflaschen und der Qualität ihres Essens beschäftigt, begrüßten ihre Bekannten und setzten sich selber in Szene, in ihren traditionellen Sesseln aus Korb und schwerem Leder.

Sie registrierten kaum, wie die Tänzer verschwanden, wie das Podest abgeräumt wurde und die Kapelle nun am Ende der Tribüne Aufstellung nahm. Nur kurz schauten sie auf und stutzten, als der Pasodoble erklang, mit dem der Stierkampf angekündigt wurde. Èlena aber schaute verschmitzt und gleichzeitig stolz zu Pflügers, als hinter dem geschützten Eingang gegenüber ihr Luís in die Arena trat.

Ein Stier wurde in die Arena gescheucht, gebärdete sich aber eher müde als aggressiv. Doch Luis warf sich in seiner blutroten Uniform in die Brust, zückte das Tuch in seiner Rechten und forderte mit der Linken das dunkle Tier heraus, als wolle er die ganze Welt zum Kampf auffordern. Zu weißen Strümpfen trug er eine Kniehose und ein kurzes Bolero, welche mit schwarzen Samtstreifen verziert waren.

Wenn er mit dem hellroten Tuch ruckte, um den Stier aus der Reserve zu locken, versammelte er paradoxerweise in dem Tier wohl die bürgerliche Welt um sich herum, die er verachtete. Doch der Stier reagierte kaum, wie sehr sich Luís auch anstrengte. Und die Gesellschaft auf den Rängen noch weniger. Nun wollte er seinen ganzen Mut in die Waagschale werfen, indem er kurz vor dem Kopf des Stiers, dem von der ungewohnten Situation und vor Ratlosigkeit der Saft aus dem Maul troff, in die Knie ging. Sein Blick ging triumphierend zu den Rängen und traf auf einen einsamen Bravoruf aus dem Mund seiner Èlena. Das genügte ihm offensichtlich, um den ganzen Aufwand zu rechtfertigen.

Pflügers wussten nicht so recht, was sie von dem Theater halten sollten. Sie nahmen die ungewohnte Atmosphäre mit allen Details neugierig in sich auf, sparten aber höflicherweise nicht mit Lob, als sie Èlena später in ihrem Auto mit nach Hause nahmen.

„Ich wünschte mir dass deine Liebe
Wäre wie eine Theke in einer Bar.
Mich besaufen mit Küssen
Mich verschulden mit Orgasmen."

So übersetzte sich Pflüger den Beginn des ersten Gedichts in dem schmalen Bändchen, welches ihm Luís auf dem Rand des Pools überreichte, als sie sich dort ein paar Tage später trafen. Pflüger hatte wie jeden Tag seine zwanzig Runden in dem 8 Meter langen Becken beendet, als Luís und Èlena eintrafen, Èlena sich malerisch auf dem Rand niederließ und Luís sich ins Wasser stellte, um die Abkühlung zu genießen, die man selbst jetzt im Oktober manchmal noch brauchte.

Nach dem Schwimmen zog sich Pflüger mit dem Gedichtbändchen auf seinen blaugefliesten Balkon zu seiner Frau zurück. Von hier hatte man den wunderbaren Blick auf den Garten und die dahinterliegende Landschaft, die er schon sehr oft gemalt hatte. Das blaue Wasser des Pools mitten im grünen Rasen, der nun wieder ohne Menschen dalag, die mannshohe Bananenstaude und dahinter die Schlucht und den braunblauen Bergzug im Hintergrund.

„ Hör dir das mal an, wie dieses erste Gedicht weitergeht", meinte er zu seiner Frau und übersetzte:

„Dass du dich serviertest
Einmal und noch einmal,
wie Bier, kalt und dich wärmtest in meinem Mund,
einmal und nochmal und noch einmal.
Mich auskotzen in dein Geschlecht
Dich gegen die Theke hebeln
Und dich zur meinen machen.
Den Kellner ignorieren
Ohne Scham
Und nie
Nie und nimmer
Zahlen die Rechnung.
Und
Nach dem Kater nach der Liebe mit dir
Nur wieder mich berauschen
Mit dir, an dir, wegen dir.
Und dich verdammen zum Vergessen, schwitzend:
„Servier mir nochmal dasselbe!"
„Servier mir nochmal dasselbe!"

Die Augen seiner Frau wurden immer größer vor Staunen.
„Was sagst du dazu?" fragte Pflüger sie.
„Sehr gewagt", meinte sie nun. „Aber ein Zeugnis von großer Leidenschaft. Das hätte ich ihm gar nicht zugetraut. Man vergisst leicht, dass er neben seiner ätzenden Ironie

ja noch ein anderer sein könnte. Auf jeden Fall kann Èlena stolz auf ihn sein."
Pflüger warf einen merkwürdigen Seitenblick auf seine Frau.

Ein paar Tage danach war die Luft besonders klar und die Blumen an den Sträuchern und dahinter blühten besonders üppig. Zierliche Kolibris
flogen die Blüten des Amapolabaums an, die ihnen ihre rosa Pinsel weit öffneten. Luís stand wieder im Wasser des Pools, trank seinen Whisky, und aus seinem Rekorder tönte laut der Einzug der Gäste von Richard Wagner. Pflüger und seine Frau hatten schon grinsend ihre Runden im Wasser gedreht und ließen sich nun auf ihren Handtüchern neben Èlena auf der Umrandung nieder.
„Was für ein herrlicher Tag, Èlena! Eigentlich wohnen wir hier wie im Paradies, oder?" meinte Pflüger zu ihr.
Èlena lächelte und griff neben sich zu einem Album mit großen Fotos.
„Die wollte ich euch immer mal zeigen. Das sind einige meiner Fotos, von denen ich euch gesprochen habe."
Pflüger trocknete sich seine Hände und öffnete das Album.

„Schau dir das mal an! Einfach toll!" sagte er zu seiner Frau. Zusammen blickten sie nun auf einzigartige scharfe Blütenfotos mit unscharfem Hintergrund. Der war farblich und kompositorisch zu einem Kunstwerk mit der jeweiligen Blüte vereint.

„Wo hast du die Fotos gemacht?"

„Teilweise bei uns zu Hause, teilweise in einer Blumenhandlung."

„Dann wäre eine Wanderung in El Diente für dich sicher ein wahres Fest."

Pflüger wies dabei auf den Gebirgszug im Hintergrund, in dem er mit seiner Frau oft Wanderungen unternahm.

Als sie nicht weiter darauf einging, wusste Pflüger, was das hieß. Man traf ja selten einen Mexikaner, der Wandern zu schätzen wusste. Als scheuten sie vor der reinen Natur zurück. Soweit sie noch vorhanden war. Ihre anderen Nachbarn hatten schon einmal von Schlangen oder anderen gefährlichen Tieren gesprochen, als sie von ihren Wanderungen erzählten.

„Etliche meiner Fotos sind im Augenblick im Goethe-Institut ausgestellt. Vielleicht wird das mein Durchbruch. Wir haben sowieso im Moment eine Glückssträhne. Luìs konnte vor ein paar Tagen eine Sendereihe im Fernsehen beginnen."

„Ach, über was?"

„Medienkritisch. Wie die Zeitschrift, die er schon betreibt. Aber Fernsehen erbringt ja doch eine ganz andere Wirkung."

Luís hörte wegen der Lautstärke seiner Musik nur mit halbem Ohr zu, hatte aber doch ungefähr mitbekommen, um was es ging. Das merkte man an dem versteckten Stolz in seinen Blicken.

„Da kann man ja gratulieren, Luìs." Das hatte er nun doch gehört.

„Ihr könnt ja mal Canal 5 einschalten. Dann werdet ihr merken, dass es in diesem Land doch noch Menschen gibt, die ihren Verstand noch nicht in der Garderobe abgegeben haben."

„Aber Luís, wir haben doch gar keinen Fernseher. Wir haben uns hier eine Auszeit vom Fernsehen genommen. Und das ist wunderbar. Dadurch haben wir viel Zeit. Auch Zeit zum Wandern in diese herrliche Umgebung."

Dabei wies er mit der Hand auf den braunvioletten Gebirgszug, der sich gleich hinter ihrem Garten erstreckte. „Und diese Blumen, die dort blühen. Èlena, du könntest dort deinen Fotoapparat auf eine ganz neue Weide führen."

Auf Luís' malte sich ein Gedanke ab wie

„Diese Gringos, auf was für seltsame Ideen die doch kommen!"

Die Weihnachtsferien verbrachten Pflüger und seine Frau immer in einem kleinen Dorf an der Pazifikküste. Pflüger kannte nichts Schöneres, als in der mildschwülen Luft, nur mit einer Badehose bekleidet, mit seiner Staffelei an einer Lagune zu stehen und nach Herzenslust zu malen. Oder mitten im Dorf vor einer Palapa, einer mit Palmblättern gedeckten Hütte, wie sie dort teilweise noch üblich waren.

Als sie zurück waren und sich mit Élena und Luís wieder am Swimmingpool trafen, begrüßte sie Luís mit
„Hallo, was machen Hitler und seine Freunde? Habt ihr weitere Ausländer verbrannt?"

Da holte Pflüger ein paar seiner Bilder und zeigte sie ihnen.
„Wir waren wieder in Lo de Marcos an der Pazifikküste. Schau mal, was ich da gemalt habe!" Er ging gar nicht auf Luís Provokationen ein. Er wusste ja, dass er sie persönlich nicht meinte, wenn er auf die

Brandanschläge anspielte, die in Deutschland geschahen.

Als Luís das Bild mit der Palapa sah, bekam er große Augen.
„Kannst du mir das nicht schenken? Es erinnert mich an eine alte Liebe im Staate Nayarit. Hast du das in Chacala gemalt? Da hatte sie eine Bar. Schenkst du mir das?"
„Nein, in San Pancho. Aber wenn du es willst, schenke ich es dir."
Luís steigt aus dem Pool, trocknet sich ab, nimmt das Bild und trägt es mit der Bemerkung „Im Schlafzimmer ist noch Platz" spornstreichs zu seinem Haus.
„Ausgerechnet im Schlafzimmer eine Erinnerung an eine alte Liebe?" wendet sich Pflüger verblüfft an Élena.
Die aber lächelt nur und antwortet:
„Ach. Ihr kennt Luís nicht. Ohne zu provozieren kommt er nicht aus. Auch mir gegenüber nicht. Es stimmt. Er hatte viele Geliebte. Das kommt auch in seinem Gedichtband zum Ausdruck. Aber ich bin nicht eifersüchtig. Weil ich ihn kenne und ihm absolut vertraue. Und das ist so, seitdem wir uns kennen. Seitdem er mich aus meinem Umfeld herausgeholt hat."
„Was meinst du mit ‚meinem Umfeld'?"

"Ich wuchs doch in La Coronilla auf. Kennt ihr La Coronilla?"

„Den Namen haben wir schon gehört. Aber wir kennen es nicht."
„Es liegt am Rande der Schlucht des Río Grande de Santiago. Aber ob ihr es glaubt oder nicht. Ich bin nie in der Schlucht gewesen. Da komme ich her. Unverputzte Häuser, halbfertig, manche mit Wellblechdächern, Straßen ohne Asphalt. Aber das war nicht das Schlimmste. Wie viele Männer war auch mein Vater arbeitslos Und deshalb trank er. Es kam auch vor, dass er unsere Mutter verprügelte. Uns Kinder sowieso. Wir hatten eine Wohnung mit zwei Zimmern, acht Personen in zwei Zimmern."
„Wir wohnten nach dem Krieg mit 10 Personen in zwei Zimmern", warf Pflügers Frau ein.
Élena stutzte kurz. Dann meinte sie: „Ja, nach dem Krieg. Schrecklich! Aber das ist lange her."
„Das stimmt. Erzähl mal weiter! Wie lernte dich Luís denn kennen?"
"Er schrieb damals an einem Bericht über solche Viertel wie unsere. Das war völlig

neu. Zeitungsleser kannten solche Viertel nicht, oder wollten sie nicht kennen. In Mexiko durfte es solches Elend nicht geben. Zumal viele unserer Nachbarn indianischer Herkunft waren. Und das wurden immer mehr. Das ist ja heute noch so. Er kam also eines Tages in unser Haus und stellte sich vor. Mein Vater war gerade einmal nüchtern und hatte nichts gegen ein Interview. Ich muss zugeben, dass ich mich sofort in ihn verliebte. Und ich glaube, er sich in mich auch.

Wir zeigten ihm stolz die wenigen Reichtümer, die wir hatten. Die Bougainvillea-Pflanzen in den Blecheimern, die meine Mutter trotz ihrer Arbeit liebevoll pflegte, die Geranien und die Bananenstaude. Die Ableger hatten wir von Nachbarn bekommen. Aber dann befragte er uns danach, wie wir uns ernährten, wie viel Geld wir zur Verfügung hatten. Er war erstaunt, als er hörte, wie häufig wir von Cola und Chips lebten, und meinte, da gebe es doch viel billigere Sachen. Er fragte auch danach, ob wir Kinder regelmäßig zur Schule gingen, und ich konnte ihm sein Entsetzen ansehen, als er erfuhr, dass wir manchmal nicht hingingen. Auch weil wir uns wegen unserer abgerissenen Kleidung schämten.

Später kam er noch einmal während der Regenzeit und fluchte, als er in einer Pfütze ausglitt. Sein Auto hatte er schon weit vor unserem Haus abgestellt. Und er konnte gar nicht verstehen, dass wir unser Wasser von einem Hahn an der nächsten Straßenecke holen mussten. Und dass manchmal gar kein Wasser herauskam. Wir mussten ihm auch die Grube hinter dem Haus zeigen, in die wir unser Geschäft verrichteten, und die nur sehr unregelmäßig von der Stadtverwaltung geleert wurde. In den heißesten Monaten, im Mai und im Juni, wenn alle auf den Regen warteten, stieg dort ein unerträglicher Gestank auf. Der zog dann in unsere Kleider, die dort auf einer Wäscheleine hingen. Als ich 19 wurde, holte Luís mich aus meiner Familie heraus. Das ging nur, weil meine Mutter damals schon nicht mehr bei uns wohnte. Sie konnte die Prügel meines Vaters einfach nicht mehr aushalten. Ich wurde von Luís bei Verwandten von ihm untergebracht, die sehr nett zu mir waren. Sie und Luís ermöglichten mir dann auch einen besseren Schulabschluss und schließlich ein Fotostudium an einer Hochschule. Mit dem

Fotografieren hatte ich schon angefangen, als Luís mir einen Fotoapparat schenkte. Schließlich heirateten Luís und ich. Da war meine Mutter schon in unsere Familie zurückgekehrt. Und drei meiner Geschwister wohnten auch schon nicht mehr bei uns. Die Situation hatte sich also leicht gebessert. Nun wisst ihr, was ich Luís alles zu verdanken habe."

Fast atemlos, und als hätte sie lange auf diese Gelegenheit gewartet, hatte Èlena erzählt. Wollte sie das nicht in Gegenwart von Luís? Weil sie sich schämte, oder weil sie sowieso sonst nicht in seiner Gegenwart zu Wort kam?

Pflüger und seine Frau schwiegen. Sie wussten zunächst einfach nicht, was sie sagen sollten. Sie kannten ja andere Häuser oder Siedlungen, die ähnlich aussahen, von ihren Wanderungen in der Umgebung. Sie kannten sie aber nur von außen. Oft waren solche Häuser auch hinter unverputzten Mauern verborgen. Und die Gespräche, die sie ab und an geführt hatten, ließen sie nicht ahnen, was sich tatsächlich hinter diesen Mauern verbarg. Das meist sehr schöne Wetter ließ sowieso manches Elend unverfänglicher, wenn nicht sogar malerisch erscheinen.

Im April kam Pflüger am Nachmittag von einem Einkauf in dem riesigen modernen Zentrum auf der nächsten Plaza mit einer Zeitung zurück. Ab und zu kaufte er dort die recht modern aufgemachte „Al Tiempo". Diesmal war sie ihm wegen eines schrecklichen Fotos ins Auge gefallen.

Auf der Titelseite sah man auf einem großformatigen Foto eine Schlucht, die sich mitten in der Stadt aufgetan hatte, mit umgekippten Autos, kreuz und quer liegenden Betonplatten, zahlreichen Menschen am Rand der Schlucht, neben einem Gewirr von Leitungen. Und darüber die beunruhigende lakonische Überschrift „Exploto!" „Explodierte!"

Auf dem Weg nach Hause kontrastierten die herrlichen blassblauvioletten Blüten der Jacarandá- oder Palisander-Bäume am Straßenrand vor einem ungetrübten Himmel mit dem fürchterlichen Foto auf dem Beifahrersitz. Ab und an tauchten die prächtigen roten Blüten des Korallenbaums auf, von dem er wusste, dass sie äußerst giftig waren.

Pflügers Frau hatte schon im Radio aufgeregte Berichte über eine ungeheure Explosion in der Innenstadt von Guadalajara gehört. Sie sahen Èlena und Luís am Rand des Swimmingpools sitzen, erstaunlicherweise ohne die obligate Wagnermusik. Stattdessen hatten auch sie das Radio eingeschaltet. Als sich Pflüger und seine Frau zu ihnen setzten, hörten sie Élena nur ständig kopfschüttelnd das Wort „Schrecklich! Wie schrecklich!" wiederholen.

Was war geschehen? Im Zentrum der Stadt war auf 11 Kilometer Länge die Kanalisation explodiert. Die Explosionen dauerten vier Stunden lang an. In ihrer Folge stürzten etliche Straßenzüge ein.

„Wie kann denn ein Kanal explodieren?" fragte Pflüger fast ungläubig. „Das kann ich mir gar nicht vorstellen."
„Es gibt Vieles, was du dir nicht vorstellen kannst", entgegnete Luís mit einem Grinsen, welches Pflüger unangemessen vorkam.

„Wie meinst du das, Luís?"

„Es gibt schon seit einiger Zeit Berichte von Anwohnern, die von Benzingeruch reden, der aus der Kanalisation aufsteigt. Auch meine Zeitung hat darüber berichtet. Aber keine Reaktion der Politik oder Verwaltung und keine Reaktion in den großen Medien. Auch in meiner Fernsehsendung habe ich das schon kritisiert. Ich bin mal gespannt, wann sie nicht mehr anders können, als da die Ursache zu sehen und die Verantwortlichen zu nennen. Die Zeitungen lügen nur selten. Aber sie verschweigen. Und das ist noch schlimmer. Weil sie noch perfekter die Illusion verbreiten, die Öffentlichkeit würde über alles informiert."

„Das ist bei uns in Deutschland sicher anders", sann Pflüger.

„Glaub das nicht!" höhnte Luís. „Hast du dich schon einmal mit Lobbyismus und seinem Verhältnis zur Macht befasst, zur Regierung und zu den Medien?"

Kleinlaut musste Pflüger die Frage verneinen. Aber was genau meinte Luís damit?

Am nächsten Tag stand Pflüger auf der dunkelblau gefliesten Terrasse vor seiner Staffelei. Da mittlerweile die Osterferien angefangen hatten, hatte er noch mehr Zeit für sein Hobby. Er zeichnete mit einem Rötelstift auf dem DINA2-Block die riesigen Helikonienblätter im Vordergrund. Die Helikonie mit ihren prächtigen roten Blüten hatten sie voriges Jahr dort angepflanzt, und durch sie hindurch sah man im Hintergrund klein das dunkle Blau- und Rotviolett des Gebirgszugs, in dem sie häufig ihre Wanderungen unternahmen. Plötzlich fiel sein Blick auf Èlena, die wieder am Beckenrand hockte, und unwillkürlich verglich er ihre aufgestützten verführerischen Schenkel mit den Blättern der Helikonie. Groß und dominant. Nun kam Luís hinzu, drehte den Rekorder wieder auf mit seiner obligaten Wagnermusik. Dieses Mal war es Götterdämmerung oder Walküre, meinte Pflüger zu erkennen. Während Luís scheinbar ungerührt ins Wasser stieg und einen Schluck aus seinem Whisky-Glas nahm.

Pflüger legte den Stift neben die Palette mit den Temperafarben auf einen Stuhl, ging zum Swimmingpool und setzte sich neben Élena auf den Beckenrand.
„Es hat bei dem Unglück ja wohl etliche Tote gegeben, wie wir im Radio hörten", meinte er, an Luís gewandt.

„Wir werden jetzt das übliche Medientheater erleben, bei dem die Anzahl erst allmählich oder nie der Wirklichkeit entspricht. Und vor allem die Frage nach der Verantwortlichkeit wird solange wie möglich unter der Decke gehalten werden", antwortete Luís spontan. „Du kannst also in Ruhe weitermalen."

Die letzte Bemerkung fasste Pflüger als Kritik an seinem Hobby auf. Wie konnte er malen, während um ihn herum so schreckliche Dinge passierten! Auf der anderen Seite: Was taten denn Luís und Élena?

Plötzlich stieg Luís aus dem Pool, trocknete sich ab und verschwand wortlos in seinem Haus.

„Was hat er denn?" fragte Pflüger. „So schnell ist er doch noch nie wieder gegangen. Und Whisky und Rekorder lässt er einfach stehen."

„Die ganze Sache nimmt ihn mehr mit, als er zeigt. So ist das bei ihm immer. Und er hat im Moment sehr viel zu tun. Für seine Zeitung und für seine Fernsehsendung. Er verfolgt sehr genau, wie die Presse und das Fernsehen auf die schreckliche Katastrophe reagieren. Und schreibt oder berichtet darüber. Aber zeig mal, was du gerade malst!"

Élena warf sich ein Strandkleid um, und sie gingen gemeinsam zu Pflügers Terrasse.

„Euer Blick nach draußen? Ich dachte schon, du maltest mich", meinte sie lächelnd, nachdem sie einen Blick auf den Block geworfen hatte.

„Das würde ich doch nie tun, ohne dich zu fragen. Außerdem: Ich male Pflanzen, Landschaft und Architektur. Menschen kann ich nicht."

Nun trat Pflügers Frau aus dem Wohnzimmer auf die Terrasse und sagte:

„Ich habe gerade im Radio gehört, dass man schon an die hundert Tote gezählt hat und Hunderte von Verletzten. Und viele Menschen wurden obdachlos."

Anfang Mai konnten sie auf einmal nicht mehr den Swimmingpool benutzen. Weil die Umwälzpumpe nicht mehr funktionierte. Und ohne die trauten sie sich nicht ins Wasser. Am Tag darauf hatten sie auch kein Wasser mehr in der Leitung. Luís erschien auf ihrer Terrasse und klopfte an die Fensterscheibe.

„Hallo, Deutschland! Kommt bei euch auch kein Wasser mehr aus dem Hahn?"
„Zuerst die Umwälzpumpe und jetzt kein Wasser. Was ist das, Luís? Das kann doch nichts mit den Explosionen zu tun haben, oder?"
„Indirekt schon. In diesem Land hat alles mit allem zu tun", orakelte er und setzte wieder sein sarkastisches Grinsen auf.

Dann erklärte er dem ungläubig schauenden Deutschen, dass diese „Maßnahmen" gegen ihn persönlich gerichtet seien. In den Medien wurde über die Schuldigen der Katastrophe nur sehr zögerlich oder gar nicht berichtet. Dabei weise vieles darauf hin, dass der Bürgermeister – aus welchen Gründen auch immer –frühzeitigen Hinweisen aus der Bevölkerung nicht nachgegangen sei. Und der sei der Bruder des Besitzers der Zeitung „Al Tiempo". Da könne man sich den Rest zusammenreimen. Mittlerweile sei man immerhin bei über 200 Toten, über 500 Verletzten und 15000 Obdachlosen angelangt. Immer erst, nachdem seine, Luìs' Zeitung entsprechende Hinweise aus der Bevölkerung veröffentlicht habe. Seine Fernsehsendung werde mittlerweile auch

von den anderen Sendern als Panikmacher und Verleumder bezeichnet. Er fürchte noch Schlimmeres. Und vielleicht sei der abgedrehte Wasserhahn schon der Anfang.
„Meinst du das wirklich?" Pflüger hielt die letzte Äußerung von Luís wieder für übertrieben oder eine Art Verfolgungswahn.
„Der überkorrekte Deutsche. Alemán cuadrado! Der merkt erst, was los ist, wenn es ihn selber erwischt."
„Weißt du was, Luís, ich gehe noch heute zur Verwaltung und frage, was mit dem Wasser ist."
„Ja, mach das! Vielleicht gewinnst du ganz neue Einsichten dabei."

Sankt Isidor lag in einem abseits von der Stadt gelegenen Tal und hatte eine eigene Wasserversorgung, auch eine eigene Verwaltung. Das war ihnen allen bewusst. Und sie wussten auch, wo sie lag. Dorthin ging auch die Post und wurde von dort an die einzelnen Haushalte verteilt. Nur die Deutsche Schule erhielt ihre Post und auch die Post für die Lehrer „von außen", also ohne den Umweg über die Verwaltung. Eigentlich alles sehr merkwürdig. Die Logik hatte Pflüger nie so richtig begriffen. Er machte sich also auf den Weg zu dem

Gebäude der Verwaltung. Es lag nicht weit von ihrer Wohnanlage entfernt, so dass er sich zu Fuß dorthin begab.

Es gab kaum Verkehr auf den Straßen von St. Isidor, so dass man gut zu Fuß gehen konnte. Pflüger und seine Frau waren aber fast die einzigen Menschen auf den Straßen, wenn man von den Bediensteten absah, die am Morgen und am Abend zur ihren Arbeitsstellen pilgerten, Dienstmädchen, die hier Muchachas genannt wurden, oder Gärtner, die hauptsächlich mit Rasenmähen und Rasensprengen beschäftigt waren. Sie kamen von den wenigen Bushaltestellen im Tal oder sie hatten von weit her eine der Polizeistationen passiert, die die Hauptstraße oben und unten begrenzten. Von der Umgebung war das ganze Tal mit einem Stacheldrahtzaun getrennt. Den überwanden Pflüger und seine Frau an einer abgelegenen Stelle, wenn sie in dem Gebiet dahinter wandern wollten. Auch das war so ungewöhnlich, dass sie dabei keinem Menschen begegneten, und einmal hatte sie eine Polizeikontrolle angehalten, einfach, weil sie zu Fuß gingen. Ihre mexikanischen Ausweise und ihre Erklärung, dass sie Bewohner von St. Isidor seien, hatten die

Polizisten aber schnell zufriedengestellt. Das Tal war auf beiden Seiten in bewaldete Höhenzüge eingebettet. In seiner Mitte lagen langgestreckt die grünen Rasenflächen des Golfclubs, und drumherum die Straßen mit den prächtigen einzelnen Villen und auch noch recht ansehnlichen Wohnanlagen. Vor den Villen sah man gepflegte Vorgärten mit prächtigen Sträuchern, Blumen und Bäumen. Zu den Bäumen zählten auch hier wieder die zur Osterzeit blühenden Jacarandabäume mit ihren blassblauvioletten Trompetenblüten, und die Afrikanischen Tulpenbäume mit ihren faustgroßen knallroten Blüten, der absolute Gipfel der Üppigkeit. Nur die goldenen Copas de oro, die Goldkelche, versuchten beim Klettern im dunklen Laub anderer Bäume, ihnen Konkurrenz zu machen.

Pflüger hatte sich in einem teuren mexikanischen Buch darüber informiert, dass die Wälder in den unzugänglichen Schluchten des Tals und im Hintergrund zum Typ des Bosque Tropical Caducifolio, dem Blattabwerfenden Tropenwald, gezählt wurden. Da er sich bis zu 1900 m Höhe erstrecken konnte, wuchs er auch hier in St.

Isidor, welches in 1500 Höhe lag. Seine Bäume waren in den trocknen Monaten von Dezember bis Juni kahl, bis sie sich in den Zeiten der starken Regenfälle im Juli und August wieder begrünten.

Pflüger hatte seit ihrer Ankunft gelernt, dass es in Mexiko erstaunlich viele gepflasterte Straßen gab, uralte in traditionellen Dörfern, aber auch moderne in schicken Siedlungen. So war es auch in St. Isidor. Über solche Straßen war er nun vor einem Haus angelangt, in welchem die Verwaltung untergebracht war. Er kannte das Haus. Nach ihrer Ankunft war er von dem Chauffeur der Schule hierhin gefahren worden, als sie sich anmelden mussten. Sonst war es nicht leicht zu finden, da es wie viele Häuser keine Hausnummer trug und keinerlei Beschilderung, wie er es von Deutschland her gewohnt war. Man konnte den Eindruck haben, dass sich alle verstecken wollten.

„Weil sie Angst hatten, oder etwas zu verbergen, oder einfach aus Mangel an Interesse?" fragten seine Frau und er sich oft. Eigentlich war für jeden Besuch ein vorheriger Telefonanruf nötig. Wenn man denn ein Telefon hatte. Sie hatten lange gebraucht, bis sie endlich eines bekamen. Auch eine Klingel war an dem Haus nicht zu entdecken. Aber auch nicht nötig, zumindest nicht, wenn man als Fußgänger kam. Denn das wurde von dem Hund des Besitzers als genauso außergewöhnlich empfunden wie von der Polizeipatrouille. Hinter einem starken Metallgitter tauchte nämlich eine schwarze Dogge zwischen zwei Palmen auf und bellte laut und alarmierend. Hörte nicht auf, bis sich eine Person aus dem Inneren des Gartens näherte und ihn zum Schweigen brachte.

„Ich möchte den Ingeniero sprechen", rief Pfleger dem Mann zu, den er unschwer als Gärtner erkannte, da er eine kurze Machete in der Hand trug. Pflüger wusste, dass als Ingeniero oft Menschen bezeichnet wurden, die ein naturwissenschaftliches oder technisches Fach studiert hatten, während die Akademiker geisteswissenschaftlicher Art mit Licenciado bezeichnet und sogar so angeredet wurden.

Nachdem Pflüger sein Anliegen vorgetragen hatte, verschwand der Gärtner im Inneren des Hauses und erschien kurz danach, um ihm einen Seiteneingang des Tors zu öffnen. Dann geleitete er ihn ins Haus und führte ihn auf einen Balkon, von dem man einen schönen Blick auf die Siedlung hatte, da das Haus etwas höher gelegen war.

Der Ingeniero betrat den Balkon und begrüßte Pflüger mit Handschlag, als kennten sie sich schon lange. Er trug eine dunkle Sonnenbrille und fragte in höflichem Ton, womit er dienen könne.

„Wir haben kein Wasser. Aus keinem Wasserhahn kommt auch nur ein Tropfen."

„Ist das in der ganzen Wohnanlage so?"

„Das weiß ich nicht."

Der Ingeniero schwieg. Er schaute über die Häuser von St. Isidor.

Pflüger wartete einen Moment. Der Ingeniero schwieg. Bis Pflüger der Kragen platzte.

„Was werden Sie unternehmen?"

Der Ingeniero schwieg.

„Sie schweigen. Nun sagen Sie doch mal etwas. Wir haben kein Wasser. Seit Stunden."

Nun sah er, wie dem Ingeniero Schweißtropfen auf die Stirn traten.

„Ich bin Beamter der deutschen Regierung. Sie wissen, dass sie mich hierher geschickt hat. Das kann doch nicht sein, dass wir einfach ohne Wasserversorgung bleiben. Wenn Sie nichts unternehmen, werde ich mich an meine Behörde wenden."

Jetzt fing der Ingeniero endgültig an zu schwitzen. Der trat an die Brüstung auf dem Balkon, wies auf die Villen in St. Isidor und presste die Sätze hervor
„Sehen Sie dieses herrschaftliche Haus dort. Und das dahinter. Und wem gehören sie? Narcos - Drogenhändlern! Und daneben das. Wem gehört es? Einem Narco, einem Drogenhändler!"
„Was sollte das nun?" fragte Pflüger sich. Er hörte noch ein fast verzweifeltes „Ich werde sehen, was sich machen lässt."
Dann geleitete der Ingeniero den wütenden Pflüger aus dem Haus hinaus.

Auf jeden Fall floss am nächsten Tag wieder Wasser aus dem Wasserhahn und aus den drei Duschen im Haus. Sie hatten drei Badezimmer mit Duschen. Wie alle Häuser ringsum. Wie um die fürchterliche Hitze zu bekämpfen, die nun in den Monaten Mai und Juni einsetzte. Diese Zeit konnte man auch kaum ohne die Abkühlung im Swimmingpool aushalten. Zumindest nicht als Mitteleuropäer. So empfanden es Pflüger und seine Frau. Doch die Pumpe im Pool funktionierte nach wie vor nicht, bis zum Beginn der Regenzeit, die Mitte Juli einsetzte. Zugleich mit den Sommerferien.

Pflügers Frau hatte Èlena noch ein oder zweimal im Auto mitgenommen, als sie vom Spanischunterricht an der Uni zurückkam. Èlena hatte an der Bushaltestelle gestanden. Sie kam ebenfalls aus der Uni zurück, wo sie Fotografie unterrichtete. Sie erzählte, dass sie das zweite Auto verkauft hätten. Denn sie hätten zunehmend wirtschaftliche Schwierigkeiten. Die sie nicht weiter erläuterte.

„Sie macht mir einen fast deprimierten Eindruck", erklärte sie ihrem Mann.

Sie trafen Élena und Luís nicht mehr am Pool. Es gab also keinen Whisky mehr und keinen Wagner. Denn die Pumpe funktionierte ja immer noch nicht. Wasser aus den Hähnen liefen aber bei ihnen auch wieder. Luís selber hatten sie schon viele Tage nicht mehr gesehen.

Im Juli wollten Pflügers in ihrem VW-Bus eine Reise in den Süden von Mexiko antreten. Sie waren schon mit dem Packen beschäftigt, als tiefe Wolken und ein fernes Grollen den Wetterumschwung ankündigten. Heftige Böen und ferne Blitze leiteten ein Gewitter ein, wie sie es in Deutschland noch nie erlebt hatten. Als der Regen einsetzte, dachten sie, alles würde in den Fluten versinken. Sie mussten sogar mit Lappen und Handtüchern die Terrassentür abdichten. Sonst wären die Fluten ins Wohnzimmer eingedrungen, obwohl die Terrasse ja vom Balkon auf der ersten Etage überdacht wurde. So überraschend und heftig alles auf sie einstürzte, so urplötzlich war dann aber auch alles wieder zu Ende. Zunächst. Denn der gleiche Vorgang sollte sich in den nächsten Tagen etliche Male wiederholen. Sie waren froh, als sie endlich losfuhren. Aus den Schluchten ringsum stiegen dicke Nebelschwaden auf und legten weißgraue Kissen auf die Landschaft, die in kurzer Zeit angefangen hatte, sich mit einem Hauch von Grün zu überziehen.

Sie wussten nicht, ob es in anderen Teilen des Landes besser würde. Auf jeden Fall erst einmal dieser unerträglichen schwülen Hitze entfliehen! Sie kämen ja bald auch an verschiedenen Stellen an die Pazifikküste. Und am Meer würde es allemal erträglicher werden.

Wenn Pflügers von einer Reise zurückkehrten, galt ihr erster Blick meist ihren Pflanzen. Die vom Balkon auf der ersten Etage hatten sie alle zusammen nach unten gestellt, damit sie dort auch von den Gärtnern gegossen werden konnten. Nun trug Pflüger die Tontöpfe mit den weißen Azaleen, der Geigenfeige mit ihren Riesenblättern und die schon recht große Amapola- oder Pinselbaumpflanze auf die Terrasse nach oben. Seine Gedanken schwankten dabei zwischen den zahlreichen Reiseerlebnissen und den Blicken auf die Umgebung hin und her. Die Landschaft hatte sich drastisch verändert. Sie bot ein malerisches Bild mit allen Schattierungen von Grün. Das müsste er in den nächsten Tagen unbedingt malen. Als er die Agapando-Pflanze mit ihren edlen blauen Sternblüten auf der dunkelblauen Terrasse abstellte, fiel sein Blick auf den Pool. Dort sah er Èlena im Wasser. Aha, dachte er, dann funktioniert die Pumpe sicher wieder. Wie toll! Aber Èlena alleine. Wo ist Luís?

„Komm", sagte er zu seiner Frau. „Lass uns erstmal eine Runde schwimmen. Élena ist auch schon draußen."

„Gute Idee. Ich bin nämlich noch total durchgeschwitzt."

Hinter dem Pool hing eine riesige violette Blüte unter den Fruchtkränzen in der Bananenstaude und ergänzte das Gefühl der Üppigkeit, welches die Landschaft bot. Als Pflügers Èlena mit Umarmung begrüßten, waren sie erstaunt und gleichzeitig ein wenig erschrocken über ihr Aussehen. Was war mit ihr geschehen? Sie hatte unverkennbar dunkle Ringe unter den Augen, und das Begrüßungslächeln wollte ihr nicht so recht gelingen.

Natürlich fragten sie gleich nach Luís.
„Luís ist im Gefängnis."
„Wie bitte!?"
„Luís ist im Gefängnis."
Ihre Stimme konnte den Satz kaum zu Ende artikulieren.
Als sie sich ein wenig gefasst hatte, ergänzte sie:
„Er kommt aber nächste Woche nach Hause."
„Ja, aber wieso ….", wollten Pflüger und seine Frau gleichzeitig wissen.
Élena holte tief Atem und nun erzählte sie, wobei ihr Reden langsam flüssiger wurde:
„Ihr wisst doch, dass er in seiner Zeitung und in seiner Fernsehsendung die Berichterstattung über die Explosion genau

verfolgt und immer wieder kritisiert hat. Nach und nach wurden die Fragen nach der Verantwortlichkeit immer lauter. Und Luís prangerte immer wieder an, wie dabei versucht wurde, die Dinge zu vertuschen. Vor allem die Schuld des Bürgermeisters und die Tatsache, dass er der Bruder des Herausgebers der Zeitung „Al Tiempo" ist. Mittlerweile sitzt er im Gefängnis, der Bruder, meine ich. Aber Luís auch", seufzte sie. Pflügers Frau saß neben ihr auf der Begrenzung des Pools und hielt ihre Hand.

„Mit dem Trinkwasser fing es an. Dank eurer Hilfe hörte das gleich wieder auf. Dann wurde ich auf dem Weg von der Uni nach Hause bedroht. Die Reaktionen in den Medien wurden immer schärfer. Und immer wieder war von Verleumdung die Rede. Bis eines Tages die Polizei vor unserer Haustür stand und Luís abholte, um ihn ins Untersuchungsgefängnis zu bringen. Den Schritt über Anwälte hatten sie sich gespart. Dass so etwas überhaupt möglich ist!"

„Empörend!" warf Pflüger ein. Sein Blick ruhte auf dem leidenden Gesicht von Élena. Welch ein Kontrast zu dem erfrischten Grün der Landschaft und ihrem allseitigen Knospen ringsum!

Am nächsten Dienstagnachmittag stand Luís tatsächlich wieder im Wasser des Pools. Allerdings ohne Whisky und ohne Wagnermusik. Pflügers begaben sich sofort zu ihm, um ihn zu begrüßen. Sein Sarkasmus schien erstaunlicherweise ungebrochen, als er sie gleich auf die neusten Ereignisse in Deutschland ansprach.

„Habt ihr eure Molotowcocktails schon vorbereitet? Vielleicht wollt ihr sie hier auch einsetzen. Aber gegen wen? Wir haben ja keine Asylbewerber in Mexiko."

Seitdem Pflügers in Mexiko lebten, waren sie nicht immer auf dem Laufenden, was die politische Entwicklung in ihrem Land anging. Von den Brandanschlägen auf das Asylbewerber-Wohnheim in Rostock hatten sie aber schon gehört, und wenn Mexikaner sie darauf ansprachen, schämten sie sich für ihr Land.

„Aber Luís, was war denn mit dir? Warum warst du im Gefängnis? Und wie geht es dir überhaupt?"

Nun fegte ein Schatten die Ironie aus dem Gesicht von Luís.

„Jetzt habe ich zum ersten Mal gesehen, wie ein Mörder von Nahem aussieht. Zumindest die kleinen, unbedeutenden Aber auch unsere Gefängnisse. Und ich kann euch nur wünschen, dass ihr das nie erlebt."

Er machte eine ungewohnte Pause in seinem Reden.

„Auf jeden Fall kann er froh sein, dass er wieder draußen ist", ergänzte Élena und sah ihn an mit einem Blick, in dem sich Mitleid, Liebe und noch eine Spur des Entsetzens spiegelte, welches sie offensichtlich beherrscht hatte.

„Wenn man den Dreck in solch einem Untersuchungsgefängnis erlebt hat, auch den menschliche Dreck, kann man verstehen, dass man zu allem bereit ist, um da herauszukommen", sagte Èlena.

„Genau. Und es ist einem zum Schluss egal, von wem die Hilfe kommt." Luís Ton war von Bitterkeit geprägt. Er zog eine Zeitung aus der Tasche seiner Jacke, die er neben dem Pool abgelegt hatte.

„Hier, lies das mal!" sagte er zu Pflüger.

Der nahm den Artikel in die Hand. Er stand auf Seite 6 von „Al Tiempo".

„Wenn auch die Ereignisse während der Explosionskatastrophe noch so schlimm sind, so darf man die Prinzipien von Gerechtigkeit und Unschuldsvermutung nicht außer Acht lassen. Die Gesellschaft ist immer noch auf der Suche nach eventuellen Schuldigen. Diese Suche fordert Geduld und Sorgfalt. Und man darf dabei nicht vergessen, dass auch der Ruf unseres Landes auf dem Spiel steht. Allzu leicht kann der Blick auf andere Länder verloren gehen, in denen im Augenblick Schreckliches geschieht. Seit vielen Jahren pflegen wir eine traditionelle Freundschaft mit Deutschland. Doch laufen seit einiger Zeit dort Prozesse ab, die an die schlimmste Epoche dieses Landes erinnern."

„Ein erstaunlicher Artikel. Aber da steht kein Verfassername."

„Wie Élena schon sagte: Zum Schluss ist einem egal, wer einem hilft, da herauszukommen."

„Heißt das, du hast ihn geschrieben, Luís?"

An Luís vorbei schaute Pflüger auf die Wespen, die um die Bananenblüte herumschwirrten und sich ihnen manchmal bedrohlich näherten. Als er nach ihnen schlug, meinte seine Frau:

„Du weißt doch, je mehr man nach ihnen schlägt, umso aggressiver werden sie. Am besten ist es, man verhält sich ganz ruhig und unauffällig."

Am Wochenende stand Pflügers Staffelei vor dem Zaun am Rande des Rasens. Er malte den Opuntienkaktus gleich dahinter, mit seinen großen fleischigen, stachligen Blättern und den gelben Früchten. Was ihn aber noch mehr faszinierte, waren die Farben der Gräser, in die der Baum eingebettet war. Auf einmal stand Luís neben ihm und schaute ihm zu.

„Kein Schwimmen, kein Whisky, keine Wagermusik?" fragte er ihn, um irgendetwas mit ihm zu reden. Er hatte Hemmungen, ihn weiter über seinen Gefängnisaufenthalt zu fragen. Auch Hemmungen, ihn zu seiner journalistischen Tätigkeit zu fragen.

„Èlena ist jetzt jedes Wochenende in Manzanillo. Sie fotografiert neuerdings das Meer, keine Blumen mehr."

„Im feudalen Manzanillo?"

„Ja, im feudalen Manzanillo. Wer zu den Leuten gehören will, die etwas auf sich halten, hat dort ein Wochenendhaus. Und wer weiß, wen er alles zu sich einlädt? Nächste Woche hat Élena übrigens ihre erste Ausstellung im Golfclub. Sie lädt euch auch ein."

Pflüger malte weiter an seinem Temperabild, aber es wollte ihm nicht mehr so richtig gelingen, sich in die Farben um den Opuntienkaktus herum zu vertiefen. Luís war schon wieder in seinem Haus verschwunden.

Auf dem Weg zum Clubhaus fuhren Pflügers an den Golf-Anlagen vorbei, die Sankt Isidor durchzogen. Sie nahmen die ganze Länge des Tals ein, und Häuser, Villen und Wohnanlagen gruppierten sich um seine sorgfältig gepflegten grünen Rasenflächen herum. Ab und an wurden sie von Baumgruppen, kleinen und größeren Teichen und Sandgruben unterbrochen, ein abwechslungsreiches malerisches Bild. Aus den Baumgruppen stachen die üppigen roten Riesenblüten des Afrikanischen Tulpenbaums hervor, als wollten sie die Bedeutung des Clubs und ihrer Mitglieder betonen.

Bald lag an exponierter Lage das Clubhaus vor ihnen. Mit seinen riesigen roten Ziegeldächern wirkte es wie ein Palast der Mayas im Süden von Mexiko. Nicht wegen der Ziegeldächer, aber wegen der Mächtigkeit und der Lage. Auch dort gehörten zum alles beherrschenden Zeremonialzentrum aufwändige Ballspielplätze der Herrschenden. Der entscheidende Unterschied war die Abwesenheit von Religion und Priestertum.

Schon auf dem Parkplatz begegneten sie Élena und Luís. Sie staunten. Élena hatte sich richtig in Schale geworfen.

„Aha!" meinte Pflüger „Gehört ihr jetzt auch zu den Gente Decente, die du immer gegeißelt hast, Luís?"

Élena trug ein zwar kurzes, aber sehr elegantes schwarzes Kleid und hatte sich stark geschminkt, anders als sonst. Das Dunkelrot der Lippen war an den Rändern schwarz verstärkt. An den Ausschnitt hatte sie eine blutrote Rose gesteckt. Sie sah noch verführerischer aus als sonst. Aber ihr früheres Lächeln war verschwunden. Luís stand neben ihr, als gehöre er nicht ganz dazu. Er sagte gar nichts. Wie Pflügers war er mittelfestlich gekleidet. Aber sie alle, besonders Élena, stachen gegen die sportlich gekleideten Mitglieder ab, die nun in Scharen eintrafen. Die Männer in Hemden mit kurzen Ärmeln und Hosen, wie sie sie beim Golfspielen trugen, die Frauen meist in kurzen Hosen.

Als sie alle vier an einem der runden Tische Platz genommen hatten, zeigte es sich, dass es sich vor allem um eine Siegerehrung des letzten Turniers handelte. Der Club-Vorsitzende, der die Ehrungen vornahm, erwähnte nach einigen Begrüßungssätzen, dass man in der Pause die „exzellente Ausstellung" von Élenas Meeresfotos anschauen könnte und ließ Élena kurz aufstehen. Sie wurde mit einem höflichen Applaus bedacht. Dann begann die lange ausführliche Ehrung, die vom Auftragen des Essens begleitet wurde. Alles eine merkwürdige Mischung von Feierlichkeit, lässiger Vornehmheit, legerem Umgang und fast gierigem Zulangen beim Essen, welches auch hier wieder, wie damals beim Stierkampf, für viele Leute absolut als das Wichtigste erschien.

Man sah hier Menschen aller Schattierungen von hell bis tiefbraun. An einigen Tischen saßen Männer von sehr gedrungener Gestalt, offensichtlich mehr indianisch geprägt als andere.

„Wie hatten sie sich in diese Gesellschaftsschicht hochgearbeitet?" fragte sich Pflüger. Von einem Tisch an der Seite winkte ein hochgewachsener Mann zu Èlena herüber, die zaghaft zurückwinkte. Keiner der Anwesenden wirkte auf Pflüger so, dass er an einen Intellektuellen oder Künstler gedacht hätte.

In der Pause führte Élena sie zu ihren Bildern, die von erstaunlicher Größe waren, anders als ihre früheren Blumenbilder. Alle zeigten sie Meeresansichten, vorwiegend Sonnenuntergänge in nahezu düsteren Farben, die Wellen oft bedrohlich. Pflüger sah, wie sie auf Äußerungen von seiner Seite und der seiner Frau wartete.

„Auf deinen Blumenbildern hast du immer mit dem unscharfen Hintergrund gearbeitet. Fast wie ein Maler."

„Manche Menschen haben keine Antenne für einen Hintergrund", antwortete sie sybillinisch.

„Deine Farben sind düsterer geworden. Oft zwischen Schwarz und Rot."

„Das Leben ändert sich eben." Jetzt war es Luís, der diese seltsame Bemerkung von sich gab.

„Darf ich vorstellen?"

Èlena zeigte nun auf den hochgewachsenen Mann, der sich genähert und sie mit Wangenkuss begrüßt hatte. Pflüger staunte über sein Gesicht. Es schien aus vielen unterschiedlichen Einzelteilen zusammengesetzt zu sein. Als könnte sich sein Charakter nicht für eine einheitliche Richtung entscheiden.

„Das ist Herr Malik von der Zeitung „Al Tiempo". Er hat diese Ausstellung ermöglicht."

Luís stand bei diesen Worten wie unbeteiligt da, sein Blick war auf ein anderes Bild gerichtet. Es war viel kleiner als alle anderen. Rechts im Vordergrund sah man einen schwarzen Landstreifen vor dem Meer. Die untergehende Sonne war halb verborgen hinter einem zarten Wolkenstreifen und warf doch einen Lichtstreifen auf das ruhige Wasser. Auf dem dunklen Landstreifen neigte sich filigran eine Agavenblüte der untergehenden Sonne zu. Ein Bild von stiller Einsamkeit.

„Wie fremd wirken doch Élena und Luís in dieser Gesellschaft von sportlichen Geschäftsleuten!" dachte Pflüger.

Am nächsten Tag erfuhr er von Luís, dass Èlena schon viele ihrer großformatigen Bilder verkauft hatte.

„Die hängen jetzt tapetenartig in ihren Schlafzimmern", fügte er verächtlich hinzu. Dabei verzog sich sein Gesicht zu einer ungewöhnlichen Grimasse, die für Pflüger nicht leicht zu deuten war.

6 Unruhige Zeiten So könnte man die politischen Umstände in Mexiko kennzeichnen. Auch damals schon. Oder auch **Undurchsichtige Zusammenhänge**. Nicht nur für uns als Ausländer.

An einem Wochenende nahmen wir in einer nahegelegen Kleinstadt, aber immerhin 60 km entfernt, an einer Wahlveranstaltung des Kandidaten für die Gouverneurswahl teil. Beim Essen lernten wir ihn und seine Gefolgschaft kennen, und er lud uns ein, an dem anschließenden Spaziergang auf einen Hügel in der Stadt teilzunehmen. Bei der Vorstellung erfuhr er natürlich, dass ich an der Deutschen Schule arbeitete. Der Hügel hatte oben eine große Plattform, die sich gut für ein politisches Treffen oder einen politischen Empfang eignete. Der Kandidat der Regierungspartei PRI, die seit 1929 an der Macht war, empfing hier verschiedene Menschen, unter anderem Lehrer, die ihm ihre Anliegen vortrugen. Das sah alles sehr demokratisch aus. Als ich Montag wieder in die Schule kam, staunte ich nicht schlecht, dass die mexikanische Konrektorin, die derselben Partei angehörte, schon von unserem Zusammentreffen wusste.

Im März 94 wollten wir unseren VW-Bus verkaufen. Dazu benötigten wir eine Bank. An diesem Tag war die Transaktion nicht möglich, weil die Banken geschlossen waren, wegen des Mordes an dem Präsidentschaftskandidaten Colosio. In den ersten Tagen danach war von einem Drogenkartell die Rede, dann verdichteten sich immer mehr Gerüchte, dass hinter dem Mord ein Rivale aus der eigenen Partei steckte.

Bei dem Unglück von Guadalajara 1992 explodierte Benzin, das in die Kanäle gelangt war. 11 km Straßen flogen in die Luft. Angeblich war es politisches Versagen, da die Lecks in den Leitungen lange bekannt waren und nichts dagegen unternommen wurde. Offiziell gab man über 200 Tote zu, 5oo Verletzte und 15000 Obdachlose. Der Gouverneur des Staats Vidaurri wurde zum Rücktritt gezwungen. Dass er danach zum Botschafter in Guatemala ernannt wurde, erfuhren wir in einem Theaterstück, bei einem vor Vergnügen wiehernden Publikum.

Interessant waren auch die deutlichen Reaktionen auf politische Ereignisse in Deutschland und in der Welt. Wir erhielten Gratulationen zum Tag der Wiedervereinigung am 3.10. 1990. Und misstrauische Blicke nach dem Attentag in Solingen 1993, als wüsste man plötzlich, dass alle Deutschen ausländerfeindlich seien.

Die Ablehnung des Irakkriegs 1991 hatte man mit Deutschland gemeinsam.

Wir wollten gerade eine Tour auf den Vulkan Colima mit unserer Tochter und ihrem Freund unternehmen, als die ganze Region um den Vulkan herum 1991 geräumt wurde, weil er neu ausgebrochen war. Man sah weithin die glühende Lava den Berg hinunterlaufen, der etwa 200 km von uns entfernt war.

Eines Tages zeigten mir Schüler Schüsse an den Autos ihrer Eltern. Sie waren in die Schießerei auf dem Flugplatz von Guadalajara geraten, bei der beliebte Erzbischof der Stadt ermordet worden war. Zuerst hieß es, wegen einer Verwechslung. Später verdichteten sich die Gerüchte, dass es mit Absicht geschehen sei. Der Mörder wurde sogar gefasst und verurteilt, und es wurde deutlich, dass die Drogenmafia dahinter stand, die einen unbequemen Kritiker der organisierten Kriminalität und des Drogenhandels loswerden wollte.

Im Januar 1994 erlebten wir häufige Demostrationen gegen den Krieg in Chiapas. Man beschuldigte die Regierung, hier einen Völkermord an den Indios zu begehen.

7 Besondere Aktivitäten, die ich an der Schule unternahm, hatten unterschiedlichen Erfolg.

Die Schulzeitung unter meiner Leitung war eigentlich ein Erfolg. Sie sollte zu Beginn eine Schülerzeitung werden. Das redete mir der Schulleiter aus. Er wollte lieber eine Schulzeitung, in der nicht nur Schüler, sondern auch Lehrer und Eltern schreiben konnten. Die Eltern ergriffen nie die Gelegenheit, die Lehrer selten, der Schulleiter aber ja. Alle Texten erschienen auf Deutsch und auf Spanisch. Für die Übersetzung hatte hauptsächlich ich zu sorgen. Ich ließ natürlich den spanischen Teil von mexikanischen Kollegen überprüfen. Und so erschienen etliche Nummern in unterschiedlichen Abständen, zusammen mit Fotos, selten in Farbe. Weil das eine Frage der Kosten war, die allerdings von der Schule getragen wurden. Die Beliebtheit unter Schülern und Eltern stieg.

Sie enthielt Reiseberichte, Gedichte, Mitteilungen über Veranstaltungen der Schule, Berichte über Deutschland-Aufenthalte von einzelnen Schülern, Gedichte und kurze Geschichten, Bilder aus dem Kunst-Unterricht, Interviews mit Lehrern und mit Lupe, einer Putzfrau aus dem Kreis der Angestellten, Berichte über Exkursionen, Rätsel, Streitgespräche, Aufsätze zur Geschichte des Landes und der Stadt.

Mittlerweile hatte ich auf einer Wanderung Pedro El Barbón kennengelernt, einen Indio aus dem Dorf San Estéban, der zu meinem Erstaunen ein Notizbuch mit Gedichten aus der Tasche zog, die er selber anfertigte. Er hatte einen kleinen Bauernhof in seinem Dorf und behauptete, ganz San Isidro habe früher seinem Ejido gehört und das Land sei seinen Genossen abgeluchst worden. Es gab tatsächlich eine mittlerweile lange Geschichte der mexikanischen Ejidos, die teilweise Gemeinschaftsbesitz hatten, eine

Geschichte der Landreformen, die nicht glücklich verlaufen war.

Als ich ihm erzählte, dass in unserer Schulzeitung auch Gedichte veröffentlicht wurden, bot er uns eines an, in dem ein Appell an die Jugend ausgedrückt wurde, den Rat der Alten nicht zu verschmähen. Leider kann ich mich nicht mehr erinnern, warum es nicht veröffentlicht wurde, vielleicht durch den Schulleiter, der ja insofern immer einen Einfluss auf die Schulzeitung behielt, als er ja komplett die Finanzierung in der Hand hatte.
Kaum hatte ich meinen Dienst an der Schule angetreten, erlebte ich etwas Erstaunliches: Von Deutschland wurden komplett neue Tische und Stühle für die Schüler geliefert. So schön, wie ich sie in Deutschland noch nie gesehen hatte. Die alten Tische und Stühle schimmelten seitdem im Keller vor sich hin. Nach dem Besuch bei Pedro El Barbón kam mir sofort die Idee, ihm einen Tisch und Stuhl davon abzugeben. Er hatte ja nicht einmal einen Tisch, an dem er seine Gedichte schreiben konnte.

Eine Initiative mit negativem oder zumindest zweifelhaftem Ausgang war die Einführung der Mülltrennung. Der Schulleiter war schon überzeugt worden, dass man dazu farbig unterschiedliche Mülltonnen anschaffen musste, was auch geschah. Das Kollegium und die Schüler zogen- teils mit regelrechter Begeisterung- mit. Es erschienen auch entsprechende Artikel in der Schulzeitung. Dann kam der Tag der Wahrheit. Der Chef der Angestellten kam zu mir und sagte mir, fast unter vorgehaltener Hand: Señor Miller, als der Müll abgeholt wurde, haben sie auf dem LKW einfach alles ineinander gekippt." Er wusste genau, was das bedeutete. Alle Anstrengungen waren vergebens gewesen. Ich konnte es fast nicht glauben. Als fuhr ich noch am gleichen Tag zu Müllkippe und sah, dass es so war. Dort gab es keinerlei Anzeichen für eine Mülltrennung.

Auch meine Bemühungen, einen Biologen bzw. Ökologen von der Uni für eine Exkursion an der Schule zu gewinnen, wurde vom Schulleiter unterstützt. Der Biologe war ein sehr sympathischer Wissenschaftler, der auch von den Schülern angenommen wurde. Zu der Führung in die Schlucht neben der Schule hatte ich eine mexikanische Kollegin als zusätzliche Begleiterin gewonnen, die leider im letzten

Moment einen Rückzieher machte. Sie habe keine geeigneten Schuhe für diese Wanderung, sagte sie. Eigentlich sollte sie gleichzeitig sozusagen den Staffelstab für eine beginnende Kooperation weitergeben. So aber blieb ich der einzige Begleiter, der die interessanten Pflanzen und kleinen Tiere erklärt bekam, die der Biologe uns zeigte. Welche Fülle von Arten gab es in unserer unmittelbaren Umgebung, die alle auf ihre Art an ihre Umgebung angepasst waren! Damals lernte ich zum ersten Mal in meinem Leben den Begriff Biodiversität kennen.

Auch ein Besuch im Zoo war für die Schüler und auch für mich und die begleitende Mutter ein Erlebnis. Hier sahen wir so manche endemische mexikanische Tierart.

Mehrmals fuhr ich als Klassenlehrer, später auch als Begleiter mit ins Schullandheim nach Mazamitla, einem traditionellen Bergort in 150 km Entfernung von der Schule.

Der Aufenthalt mit der eigenen Klasse war ein Erfolg. Wir erkundeten die eigenartige Landschaft mit ihren Kieferwäldern und eingestreuten riesigen Pulque-Agaven, machten eine Rallye durch den Ort, unternahmen eine Reittour durch den Wald und kletterten durch kleine Schluchten und Bäche. Abends wurde getanzt.

Die Begleitung einer anderen Klasse war weniger schön. Sie wollten unbedingt Buggy direkt vor der Anlage fahren, in der wir wohnten. Vorher hatte es schon Probleme gegeben, weil es schwierig war, an die Einverständniserklärung der Eltern wie auch an die Verpflichtung, das Kind auf eigene Kosten abzuholen, wenn es sich nicht an die Regeln hielt. An solche Absicherungen der Lehrer war man wohl nicht gewöhnt. Und der Schulleiter blieb leider nicht hart.

Ähnlich war es auch mit der Einverständniserklärung für eine Reittour. Da blieben aber wir Lehrer hart. Wer keine vorzeigen konnte, durfte nicht mitreiten. Besondere Schwierigkeiten gab es in dieser Klasse mit der verwöhnten Tochter eines Zeitungsmoguls, die wohl nur von Muchachas, von Angestellten erzogen worden war und es gewohnt war, dass alles nach ihrem Willen ging. Typisch für diesen Fall war auch, dass sie nach der Rückkehr als einzige Schülerin nicht abgeholt wurde, erst mit großer Verspätung von ihrer schönen Mutter, die sich aber nicht entschuldigte, dass sie erst so spät erschien. Das war tatsächlich ein Schülerfall, wie er von meinem Vorgänger beschrieben worden war.

Von uns zu Hause aus konnte man das Klettergebiet El Diente erreichen. Ganz in der Nähe lag das Dorf Río Blanco, in dem Maisbauern wohnten und Arbeiter in einem Steinbruch. Hier lernte ich die Grundschulleiterin Silvia kennen und ihre Mann, den Bauern Luís. Als ich einmal die Schule besuchte, sah ich die schlechten Tische und Stühle für die Schüler. Sofort kam mir unser altes Mobiliar in der Schule in den Sinn und ich versprach ihr zu ihrer Freude, mich darum zu kümmern. Nach längerem Drängen war der Schulleiter einverstanden. So kam eines Tages der Bauer Luís mit seinem Pickup und fuhr in mehreren Fuhren das Gestühl in die Schule von Río Blanco. Oberstufenschüler hatten sich bereit erklärt, beim Auf- und Abladen zu helfen. Das ganze Dorf war für sie ein Erlebnis. Schon die verrottete Straße, die zu ihm hinführte. Sie interviewten die Lehrer und die Schüler und waren bereit, sich weiter um Schule und Dorf zu kümmern.

Diese ganze spontane Initiative der Schüler fiel in sich zusammen. Ich vermute, dass sie von Schulleitung und Schulvorstand hintertrieben wurde. Die Schule hatte ja schon eine Art Partnerschule in einem ärmeren Viertel der Stadt. Aber die wurde von der Staatspartei PRI unterstützt, und dort sah man nicht solche entwürdigenden Verhältnisse wie in Río Blanco.

8 In den **Dramatischen Situationen**, die ich erlebte, spielte immer der Schulleiter eine Rolle. Die schlimmste war vielleicht der Fall des Kollegen Jaime. Er war Mathematikprofessor an der Universität und arbeitete an der deutschen Schule, um sein mageres Gehalt aufzubessern. Merkwürdigerweise saß er in der Pause am Tisch der Deutschen. Als würde er von seinen eigenen Landsleuten geschnitten, warum auch immer. In der Schulzeitung veröffentlichte er schon nach kurzer Zeit einen interessanten Artikel über die großen mathematischen Kenntnisse der Azteken.

Nun wurde ein Schulfest unter der Leitung der Eltern gefeiert, unter anderem mit einer Verlosung. Die Lose wurden gegen Geld von den Lehrern verkauft, angeblich, weil die Eltern der Ehrlichkeit ihrer eigenen Leute nicht trauten. An einem Tisch saß Jaime zusammen mit einem deutschmexikanischen Kollegen. Plötzlich wurde eine Nummer aufgerufen, die sich offensichtlich unter den Losen befand, die auf Jaimes Platz lagen. Der Kollege machte ihn darauf aufmerksam und meinte, Jaime solle sich doch für die Inempfangnahme des Preises melden. Immerhin handelte es sich dabei um eine Flugreise in die USA. Jaime erwiderte, er habe das Los doch gar nicht gekauft. „Das macht doch nichts. Es liegt ja auf deinem Tisch" drängelte der Kollege weiter. Nun ging der –eigentlich etwas schüchterne- Jaime zu dem Stand, wo die Lose angenommen wurden und wollte die Angelegenheit dort erklären. Aber seine Worte gingen unter in dem lauten Rarara, das man hörte, wenn es sich um einen Triumph oder einen Sieg handelte.

Kurze Zeit später fand das statt, was der Schulleiter mir seltsamerweise ein paar Tage vorher als Möglichkeit angedeutet hatte. Und das war so:

Auf dem Weg vom Parkplatz zur etwas höher gelegenen Schule ging der Schulleiter neben mir und erklärte mir, dass er in den nächsten Tagen noch vor den Weihnachtsferien nach Deutschland fliegen werde, weil er dort etwas Amtliches zu regeln habe. Und in dieser Zeit würde ich ihn als Schulleiter vertreten. „Sie machen so ein mißtrauisches Gesicht", meinte er zu mir. „Ja, ich bin auch mißtrauisch. Wieso ich? Es gibt die mexikanische Oberstufendirektorin, die mexikanische Unterstufendirektorin, den deutschen Fachleiter und den deutschen stellvertretenden Fachleiter. Wieso soll ich als einfacher Lehrer Sie vertreten?" „Weil Sie der dienstälteste Kollege sind. So sind die Bestimmungen", entgegnete er. So waren tatsächlich die Bestimmungen in Deutschland. Aber er hatte sich bisher nie an Bestimmungen gehalten. Wir hatten ja nicht einmal eine Konferenzordnung mit Tagesordnung für die Konferenz. Als ich immer noch mißtrauisch schaute, sagte er: „Das ist auch eine rein formale Angelegenheit. Sie haben da gar nichts Besonderes zu tun. Es sei denn, ..." Er zögerte. Dann fuhr er fort „es müsste mal ein Kollege entlassen werden. Aber da liegt überhaupt nichts an." Ich blieb voller

Misstrauen und fast Wut und auch Spannung weiter in die Zukunft der nächsten Tage. Und dann kam das Schulfest. Und die oben geschilderte Schweinerei mit dem mexikanischen Kollegen.

Gleich am nächsten Tag wurde eine Sitzung des Schulvorstands anberaumt. Der Schulleiter hatte wohl doch in letzter Minute verfügt, dass zur Schulleitung während seiner Abwesenheit nicht nur ich als Dienstältester, sondern auch die mexikanischen Directoras und die deutschen Fachleiter gehören sollten.

Und der Schulvorstand war dabei. Jetzt fungierte er gleichzeitig als Ankläger, als Zeuge und als Richter. Das bemängelte ich mit der Ergänzung, zu demokratischen Prozessen gehöre eine Gewaltenteilung. und forderte ihn dazu auf, die Schulleitung alleine eine Entscheidung fassen zu lassen. Wutschnaubend verließ er zunächst den Raum. Um allerdings nach einigen Minuten durch die andere Tür wieder zurückzukehren. Irgendwie erinnerte das Ganze fast an ein Theaterstück. Nun erwähnten die deutschen Kollegen, dass es in Jaimes Unterricht immer sehr laut sei. Mich wunderte dieser unverhoffte Vorwurf, waren doch Disziplinprobleme bei vielen Kollegen alltäglich. Ich sah bald: Es ging einfach darum, den mexikanischen Kollegen zu feuern.

Auf mein Drängen hin durfte der Kollege am nächsten Tag erstmalig zu dem Vorwurf des Betrugs Stellung beziehen. Wie ein kleiner Junge stand der Mathematikprofessor vor diesem ihm unbekannten Gremium und stellte sich der schneidenden Frage des Vorstands: „Stimmt es, dass Sie den Preis mit der Flugreise angenommen haben?" Als Jaime zu weiteren Erklärungen ansetzen wollte, wieder die gleiche schneidende Frage: „Stimmt es, dass Sie den Preis angenommen haben?" Als er wohl oder übel mit Ja antwortete, wurde er entlassen, zuerst aus der Sitzung, dann als Lehrer der deutschen Schule.

Ich kehrte empört nach Hause zurück und erzählte das Geschehen unseren Nachbarn. Die zeigten einerseits eine gewisse Schadenfreude, als ich ihnen berichtete, dass der Schulvorstand einmal den Raum verlassen hatte, gleichzeitig schlugen sie sich erschrocken vor den Mund. „Weißt du, was das für ein Mann ist?" Schweigen meinerseits. „Er ist einer der mächtigsten Männer Mexikos und steht sogar auf der Liste der 200." „Was ist das denn?" „Das ist einer Liste von Terroristen, die einen Umsturz planen und dazu die mächtigsten Männer Lateinamerikas umbringen wollen. Er gehört dazu."

Ich wusste selber, dass er einen berühmten Namen hatte. Er hieß nämlich so wie ein Minister, den der Revolutionsmaler Diego Rivera porträtiert hatte, und er sah dem Schulvorstand auch sehr ähnlich. Ich erfuhr nun, dass der Minister der Onkel des Schulvorstands war. Aber was sollte es? Das änderte nichts an dem Unrecht, welches dem Kollegen geschehen war. Doch welches Motiv steckte dahinter? Ich sah zwei Möglichkeiten. Von einer mexikanischen Kollegin erfuhr ich, dass Jaime woh Indigenista sei, also jemand, der die Interessen der indigenen Völker Mexikos vertrat. Entgegen der offiziellen Regierungsmeinung, dass alle Mexikaner Mexikaner seien. So wurden auch immer die Zahlen der indigenen Völker nach unten korrigiert.

Das andere Motiv konnte ein sehr persönliches sein. Der Schulvorstand hatte eine Tochter- selbstverständlich mit guten Leistungen, die aber in der letzten Mathematikarbeit unter Jaime einmal nicht die Bestnote kassiert hatte. Das alles erfuhr ich von der vielleicht einzigen kritisch eingestellten mexikanischen Kollegin, die übrigens, genau wie die Oberstufenleiterin, die sich fast immer in Schweigen hüllte, vorzeitig an Krebs erkrankte und früh verstarb.

Ein anderes dramatisches Ereignis bestand darin, dass ich eines Tages zu einer Sitzung eingeladen wurde, in der es um das sogenannte Reglamento gehen sollte, die neugefasste Schulordnung. Wieder stellte sich mit die Frage: Wieso ich? Das wäre doch eine Angelegenheit der Lehrerkonferenz gewesen. Und es dauerte nicht lange, bis ich mich einem ersten Vorwurf ausgesetzt sah. Ich hätte mich geweigert, dem Fachleiter nach den Klassenarbeiten die geforderten drei Exemplare vorzulegen, eine gute, eine schlechte und eine mittlere. Nun hatte ich dem Fachleiter tatsächlich gesagt, er könne meine Arbeiten jederzeit in meinem Klassenschrank einsehen. Die Forderung nach Vorlegen hatte ich als etwas demütigend empfunden. Als ich meine Regelung vorgetragen hatte, wurde sie mehr oder weniger schweigend hingenommen.

Also folgte ein zweiter Vorwurf. Ich hätte schlecht über Mexiko geredet. Wer das behauptete, wurde nicht gesagt. Nun hielt ich eine nahezu flammende Verteidigungsrede in eigener Sache. Ich empfand es aber gleichzeitig als sehr anstrengend, da das ja auch Spanisch zu erfolgen hatte. Ich zählte nun alle Gelegenheiten auf, bei denen ich die landschaftlichen und kunsthistorischen Schönheiten unserer Umgebung den Schülern und der Schule nahegebracht hatte, in der Schulzeitung und im Schaukasten, durch Fotos und durch Texte. Damit war die Sache für mich erledigt. Und dem Rest der Sitzung konnte ich nur mit geringer Aufmerksamkeit noch folgen. Als ich nach Hause ging, brach ich unterwegs vor Wut und Empörung und mit einem Gefühl der Isoliertheit in Tränen aus. Ich empfand das als absoluten Tiefpunkt meiner bisherigen pädagogischen Tätigkeit.

Eine Etappe auf der Weg zu diesem Gefühl der Isoliertheit war das unangenehmen Erlebnis mit dem deutschen Fachleiter, mit dem ich ja zunächst regelrecht befreundet war. Befreundet und einig in der Beurteilung des undemokratischen Schulleiters. So ließ ich mich dazu überreden, auf der nächste Konferenz eine Konferenzordnung zu fordern, inklusive Tagesordnung, die es noch nie gegeben hatte. Stattdessen stellte der Schulleiter am Anfang der Konferenz stets eine Tour d' Horizon in Aussicht, in einer Abfolge von Punkten, die alleine seinem Belieben oblag, und in der man nie vor Überraschungen sicher sein konnte. Als ich mich dann irgendwann zu Wort meldete und eine Konferenzordnung forderte, musste ich die unglaubliche Situation erleben, dass der Kollege Fachleiter sich nach Wortmeldung so äußerte: „Was soll diese Forderung? Wir haben doch eine Konferenzordnung!" Ich blieb sprachlos. Damit war die Sache gleich vom Tisch.

Merkwürdigerweise schien der Kollege und Nachbar Fachleiter erstaunt zu sein, als er das nächste Mal bei uns zu Hause erschien, als sei nichts geschehen, dass ich ihm vorwarf, mich bei der Konferenz in die

Pfanne gehauen hatte bzw. mich regelrecht ans Messer geliefert zu haben. Und was war seine Antwort? „Man kann doch mal einen Fehler machen." Heute kommt mir das alles einfach unglaublich vor.

Vieles entsprach aber tatsächlich dem, was mein Vorgänger in seinem Bericht in der Gewerkschaftszeitung geschrieben hatte. Dazu passte auch folgende Erfahrung mit der Unterstufenleiterin, die er ja expressis verbis in seinem Bericht erwähnt hatte. Eines Tages mussten wir die traurige Tatsache erleben, dass mehrere Autos auf dem Schulparkplatz mutwillig zerkratzt worden waren, das der deutschen Verwaltungsleiterin, das eines neuen mexikanischen Kollegen und meins. Es war mir nicht klar, ob es da einen Zusammenhang gab. Die Schulleitung zeigte kein Interesse, die Sache weiter zu untersuchen. Von einer mexikanischen Kollegin wusste ich aber, dass ein Schüler aus der Klasse der Unterstufenleiterin eine Rolle dabei spielte. Also ging ich der Sache nach, und der Schulleitung blieb nichts anderes übrig, als der Sache nachzugehen. Der Schuldige oder die Schuldigen standen bald fest. Und nun kam wieder das

Erstaunliche: Es sollte keine Konsequenzen außer einer Ermahnung haben. Ich aber forderte, dass die Eltern für den Schaden aufkommen sollten. Für mich eine Selbstverständlichkeit. Der Schulleiter wand sich aber mit Händen und Füßen dagegen. Und auch mein Gerede von der Impunidad, die in Mexiko gerade in den Medien eine große Rolle spielte, konnte ihn nicht überzeugen. Die Impunidad, also die Straflosigkeit, wurde in den Medien als eines der großen Probleme der mexikanischen Gesellschaft angeprangert. Die Straflosigkeit bei vielen Vergehen, wurde zu Recht argumentiert, führe zu immer weiteren Vergehen. Der Schulleiter wollte auf mein Drängen hin die Angelegenheit durch die Versicherung der Schule erledigen, nicht aber die Eltern in Haftung nehmen, da die ja ohnehin schon genug Schulgeld zahlten.

Auch bei einer anderen Sache zeigte sich, dass der Schulleiter regelrecht Angst hatte, sich mit den Eltern bzw. dem Schulvorstand anzulegen. Es ging um die Vertragsverlängerung nach zwei Jahren. Im Vertrag stand ausdrücklich, dass dem vermittelten Lehrer vom Schulvorstand ein schriftliches Angebot vorgelegt werden müsse, das er dann entweder annehme oder ablehne. „Das können Sie von stolzen Mexikanern nicht verlangen" antwortete er auf meinen Hinweis auf die Vertragsbedingungen. Er wollte das alles mündlich bzw. umgekehrt regeln, so dass der Lehrer sozusagen in die Rolle eines Bittstellers geriet

Privat erzählte er mir dann einmal, dass er in Buenos Aires, seiner vorigen Schulleiterstelle, im Gefängnis gelandet sei, als er sich geweigert hatte, irgendeine Ware für einen Schulvorstand in seinem Umzugsgut mitzunehmen. Und im Gefängnis sei er in Gefahr gewesen, mit einer Spritze ruhiggestellt zu werden. Das habe bei ihm zu dem Grundsatz geführt „Nie mehr gegen den Schulvorstand!"

Immer schon hatten die mexikanischen Kollegen Gehaltserhöhungen gefordert. Eines Tages eröffnete der Schulleiter in einer seiner Tour d' Horizon, dass er mit dem Schulvorstand eine neue Regelung getroffen habe. Es gebe eine Gehaltserhöhung, aber nun derart, dass ein Teil des Gehalts nur den Kollegen ausgezahlt werde, die sich in besonderer Weise um die Schule verdient gemacht hätten. Die Kollegen schluckten. Nach welchen Kriterien das denn entschieden würde, fragten sie. In der Hoffnung auf Transparenz der Entscheidungen. „Sie können jederzeit zu mir kommen und mich danach fragen" war seine Antwort.

Ein deutschmexikanischer Kollege, von dem man wusste, dass er schwul war, beklagte sich eines Tages darüber, dass er so viele unbezahlte Überstunden in seinem Bereich, der Wartung der Computer, machen müsse. „Und warum protestierst du nicht dagegen?" fragte ich ihn. Er zuckte die Schultern und meinte: „Er weiß genau, dass ich nicht aufmucken kann. Weil er mich ja als Schwulen akzeptiert und bis zu einem gewissen Grad schützt."

Die mexikanische Kunstlehrerin meinte zu mir, als ich ihr von der Beschuldigung wegen schlechten Redens über Mexiko erzählte: „So ist das mit den Diktatoren. Sie verhalten sich nach dem Motto „Divide et impera". Je weniger die Kollegen solidarisch sind, desto besser sichern sie ihre Herrschaft." Sie hatte wohl Recht.

Wir lernten etliche Kollegen kennen, die als Ortskräfte am Goethe-Institut arbeiteten. Sie hatten vorher an der deutschen Schule gearbeitet und dort wegen der schlechten Arbeitsbedingungen gekündigt. Wenn ich mich recht erinnere, hatte dabei auch die Vergrößerung der Klassen für den Deutschunterricht eine Rolle gespielt. Wohl eine Vereinbarung mit dem Schulvorstand, um Kosten zu sparen.

Als wir uns noch öfter –auch privat- unterhielten, redete er von der mexikanischen Seele, wie sie nach seiner Meinung auch Octavio Paz in seinem berühmten Buch „Das Labyrinth der Einsamkeit" geschildert habe. Deshalb versuchte er offensichtlich den Nerv und die Sympathie der mexikanischen Kollegen zu treffen, wenn er mit ihnen gemeinsam Lieder sang wie „Anoche estuve llorando –Ich weinte diese Nacht" . Die hätte man wohl auch als rührselig bezeichnen können. Dementsprechend standen sowohl dem Schulleiter als auch einigen Kollegen die Tränen in den Augen. Ich fand die ganze Situation verlogen und widerlich. Weil sie in krassem Gegensatz dazu stand, dass er auf ihre finanziellen

Bedürfnisse und ihr Bedürfnis nach Transparenz und Gerechtigkeit überhaupt keine Rücksicht nahm.

9 Der Abschied am Ende der vier Jahre war dann so, wie es meinen Erfahrungen entsprach. Wir feierten vor unserem Haus ein schönes Fest mit Freunden, mit der Grundschulleiterin Silvia und ihrem Mann. Eigene Kollegen hatte ich nicht eingeladen, aber unsere mexikanischen Nachbarn und drei Elternehepaare von netten Schülern, zu denen wir Kontakt. Und ihre Kinder dazu. Hinzu kamen mehrere Kollegen vom Goethe-Institut und der Journalisten-Nachbar mit seiner hübschen Frau. Es spielte und sang ein mexikanisches Trio in der lauschigen Nacht. Ab und zu tanzten wir dazu. Alle unterhielten sich angeregt, nachdem wir mit etlichen Geschenken eingedeckt worden waren. Darunter das philosophische Werk des Großvaters von zwei Schülerinnen. Und ein Essensservice lieferte –wenn auch zu spät- ein kaltes und warmes Büffet.

Der Abschied im Kollegium n der Schule fand danach statt. Er fiel wesentlich nüchterner aus. In Erinnerung geblieben ist mir das Abschiedsgeschenk einer Kollegin, zu der ich ein ambivalentes Verhältnis gehabt hatte. Es war eine zerbrechliche Schlange aus Keramik. Die Kollegin machte eine Bemerkung zu der Schlange, die auf ihr Verhalten mit gegenüber anspielte. Eine späte Entschuldigung?

Gerührt war ich über ein Buchgeschenk von einer anderen Kollegin, einer Spanischlehrerin, die mir immer mal wieder Tipps für mexikanische Literatur gegeben hatte. In der Widmung dieses Büchleins von José Emilio Pacheco sprach sie von der universalen Bedeutung der wahren Literatur und wünschte mir, dass ich mich bei der Lektüre an unseren Mexiko-Aufenthalt und an unsere aufrichtige Freundschaft erinnere.

Vielleicht war es bei dieser Gelegenheit, in der die hinterhältige Unterstufenleiterin den Spruch „Manfred, que lindo tu país!" von sich gab, sozusagen als Verbeugung der mexikanischen Nation vor der deutschen Nation, mir zuliebe. Sie tat den Spruch auf jeden Fall nach einem kurzen Deutschland-Aufenthalt.

Zu der Tochter des Nachbarn haben wir bis heute Kontakt. Sie wohnte einmal zwei Wochen in Deutschland bei uns und besuchte uns später noch einmal zusammen mit ihrem jungen Söhnchen.

Ärger gab es zum Schloss noch mit unserem Hausbesitzer. Wir hatten einen festen Termin für die Haus- und Schlüssel-Übergabe vereinbart.
Er kam nicht. So dass ich den Schlüssel bei den Nachbarn abgab. In Deutschland erreichte mich dann eine Beschwerde der Schule, weil sie angeblich einen Prozess gegen den Hausbesitzer führen musste. Angeblich hatte ich letzte Miete nicht bezahlt. Es war grotesk! Ich hatte die letzten drei Mieten bei ihm persönlich im Voraus bezahlt und dafür natürlich auch eine Quittung. Ruhe kehrte erst ein, nachdem ich dem BVA diese Quittung vorlegte.

Ein anderer Ärger beziehungsweise große Nervosität auf unserer Seite entstand, als ich kurz vor dem Packen des Umzugsgutes erfuhr, dass unser Spediteur im Gefängnis saß, wegen Drogenschmuggels auf einem seiner Laster. Das bestätigte mich darin, dass ich die Bitte des Schulleiters nicht erfüllte, für ihn einige Stühle mit nach Deutschland zu nehmen. Wer weiß, was darin verborgen war! Und uns war ja klar, welche Dinge schnell zu einem Gefängnisaufenthalt führen konnten. Wie konnte er es bei unserem zerrütteten Verhältnis überhaupt wagen, eine solche Bitte an mich zu richten!

Ein anschließender Schwimmurlaub in der Dominikanische Republik ließ uns erstmal zur Ruhe kommen.

10 Es bleibt die Frage: **Was Ist Mexiko?** Ein wunderbares Reiseland, abenteuerliche Stätten der Archäologie, Herrliche koloniale Städte oder eher ungelöste Verkehrsprobleme, ungelöste Umweltprobleme, ungelöste Bevölkerungsentwicklung, Land der Drogenkriminalität und der Korruption? Ein Land mit fröhlichen Menschen, wie es die Tourismusindustrie suggeriert, oder ein Land, in dem die Menschen in einem Labyrinth der Einsamkeit leben? Ein Land mit zahlreichen indianischen Kulturen oder ein Land, in dem es sich alle einfach als Mexikaner empfinden? Ein Land mit einer eigenständigen Kultur oder lediglich ein Anhängsel an die USA, in dem nur Kultur und Wirtschaft au den großen Nachbarn schielt? Ein Land mit einer wunderbaren Natur oder ein Land voller Dreck und Umweltzerstörung? Wie könnte ich mir ein endgültiges Urteil erlauben, auch nach den Erfahrungen in diesem vierjährigen Aufenthalt?

Einige dieser Erfahrungen will ich zum Schluss nur andeuten: Die gefährlich Rolle, die die Bundespolizei spielt. In einem Dorf erzählten uns die Bewohner, dass sie von dieser Polizei terrorisiert würden. Ähnliches las ich auch in der Zeitung. Als unser Sohn einmal einen Unfall hatte, schlugen die Bewohner des Ortes, in dem das Auto dann stand, die Hände über dem Kopf zusammen, als wir sagten, wir müssten nun die Bundespolizei benachtrichtigen, wie es eigentlich Vorschrift war. „Nur das nicht!" sagten sie einhellig.

Als wir dann mit dem Auto zu einer Werkstatt in unserer Stadt fahren wollten, entdeckte uns ein Polizist an der Ampel und schätzte uns gleich richtig als Gringos ein. Die man erst einmal zur Kasse bitten könnte. Ich konnte ihn mit großem Theater, das ich mittlerweile beherrschte, auf umgerechnet 5 € herunterhandeln. Er ritzte seinen Namen in den Lack ein und meinte, darauf könnten wir hinweisen, falls wir von einm andern Kollegen noch einmal angehalten würden. Als ich das in der Schule erzählte, wurde mir gesagt, ich hätte viel zu viel gezahlt.

In der Meerenge von Tehuantepec wurde uns auf unserer Reise in den Süden von einem Sturm das Aufstelldach des VW-Busses weggerissen. Der Handwerker in der Werkstatt war mit einem einfachen selbstgefeilten Haken in der Lage, das Dach zu sichern.

Auf der gleichen Reise wandten sich zwei Menschen an uns, die angeblich gerade am Strand überfallen worden waren. Wir trauten uns aber nicht, sie mitzunehmen und hatten deshalb lange ein schlechtes Gewissen. Unsere mexikanischen Freunde bestätigten uns aber alle, dass wir uns aus Vorsicht richtig verhalten hätten.

Ein aztekisch sprechender Indio, den wir in Michoacán kennenlernten zeigte uns die leere Bewässerungsanlage in seinem Dorf und erklärte –lachend- dass der Bürgermeister mit dem Geld, das die Uno gespendet hatte, spurlos verschwunden war.

Ein anderes Mal half uns ein Wirt, dessen Restaurant auch noch den verdächtigen Namen „El Pirata" trug, unseren streikenden Bus wieder flott zu machen und uns an einer Lagune vorbeizuchauffieren, neben der nach einem Unwetter alle Wege unkenntlich geworden waren.

Diese Erlebnisse kann man in dem Buch „Mit dem VW-Bus in die Kupferschlucht" ausführlich nachlesen. Manches auch in meinem Buch „So nah und so fremd. Erzählungen aus Lateinamerika".

Wenn ich heute Übersetzungen für Amnesty-Briefe ins Spanische anfertige, stechen die Fälle aus Mexiko wegen ihrer Grausamkeit besonders hervor.

Vargas Llosas Resümee über Mexiko gipfelt in dem Spruch „Mexiko ist die perfekteste

Diktatur der Welt und ein stinkendes Paradies."

Trotz allem Negativen möchten wir diese vier Jahre nicht missen. Wir konnten eintauchen in eine großartige fremde Kultur. Unsere mittlerweile besseren Spanischkenntnisse waren natürlich die Voraussetzung für Vieles. Wir konnten die großartige Literatur von Carlos Fuentes kennenlernen seine Romane „Cabeza de la Hydra", „Las buenas conciencia", „El gringo Viejo". Dann Angeles Mastrettas augenzwinkernde Ironie in „Mujeres de ojos grandes", ihren erschütternden Roman „Mexikanischer Tango" und Rosario Castellanos' tiefe Analyse der mexikanischen Gesellschaft in „Balun Canan".
Im Kino sahen wir die Filme Rojo amanecer und Pueblo Madera, im Theater die pure Ironie der Pastorelas und aktuelle politische Themen. Und ich konnte malen wie in Weltmeister, weil die Motive immer vor uns lagen, wie zum Beispiel der malerische Blick von unserer Terrasse:

Der Kiosk im Nachbardorf San Estéban

In Tesistán mussten wir immer unseren
Strom bezahlen.

Die Plaza von Zapopan